8557 (1 et 2)

Pèlerinage à St Benoit-sur
-Loire

Guide à la Pierre-qui-
-Vire.

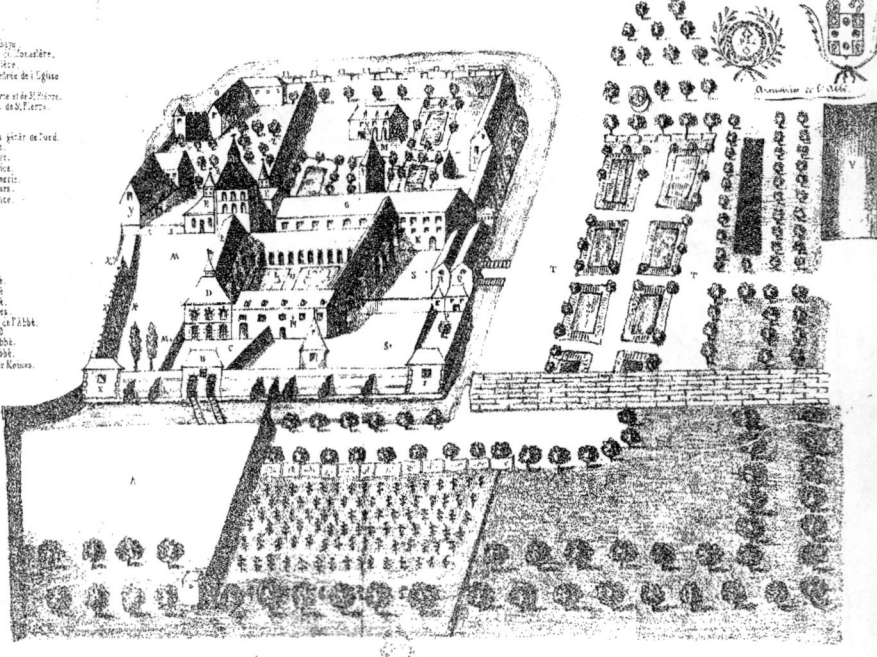

MONASTÈRE DE FLEURI SAINT-BENOIT-SUR-LOIRE DE 1680 À 1750.

PÈLERINAGE

A

SAINT-BENOIT-SUR-LOIRE

ou

notions historiques et archéologiques

SUR CETTE ANTIQUE ABBAYE

ET SON ÉGLISE MONUMENTALE

par l'abbé ROCHER

ancien curé de Saint-Benoît
membre de la Société archéologique de l'Orléanais
et de la Société française pour la conservation des monuments

orné de quatre lithographies

et d'un plan général de l'ancien monastère de 1680 à 1750

par D. Jandot, moine de Saint-Benoît

ORLÉANS

ALPHONSE GATINEAU, IMPRIMEUR

Libraire de l'Évêché

JUIN 1865

Orléans, Imprimerie A. Gatineau, Libraire de l'Évêché.

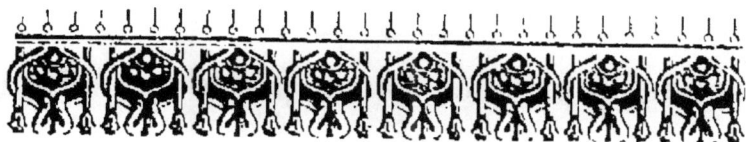

But et division de cet ouvrage.

———◦◉◦———

Depuis plusieurs années, de nombreux visiteurs se dirigent vers l'église de Saint-Benoît-sur-Loire, classée au nombre des monuments historiques de France. Il est facile de concevoir l'admiration qu'inspire cette vieille basilique. L'imagination est

frappée au premier aspect par le grandiose
et la simplicité sévère de ses proportions,
puis, dans l'examen des détails, le regard et
la pensée aiment à se fixer sur la naïve et
pieuse ornementation des nombreux chapiteaux de cette architecture romano-byzantine.

Toutefois, il en faut bien convenir, pour
interroger utilement ces beaux restes échappés à un vandalisme ignorant ou impie, le
sentiment chrétien doit venir se confondre
avec la pensée scientifique. En effet, quand
ce magnifique modèle de l'architecture
adoptée dans les siècles de foi apparaît
sous un jour religieux, quand la puissance
du souvenir évoque les ombres de tant
d'hommes pieux et savants qui ont prié
dans cette maison de Dieu, quand il semble
les voir, drapés dans leurs noirs vêtements,
errer autour de ce portique et de ce temple

admirés, quand on croit entendre sous la
vaste néf, les gémissements de leur pénitence
se répandre en harmonieux et sublimes
accords, surtout, quand l'image de celui
dont on a en face de soi le tombeau vénéré
domine cette grande scène, l'intérêt s'ac-
croît dans des proportions immenses. A la
pensée de cet homme saintement célèbre,
dont les précieux restes reposent sous ces
voûtes séculaires, l'âme respire comme un
doux parfum de vertu qui ranime au plus
haut degré le sentiment religieux. Aussi,
le voyageur intelligent et sérieux aimera à
trouver cette notice empreinte d'une teinte
de piété ; il lira avec intérêt l'aperçu rapide
de la vie de saint Benoît, et les chroniques
qui s'y rattachent, notions sans lesquelles la
plupart des sculptures du monument reste-
raient à l'état d'hiérogliphes incompris.

Enfin, l'historique des splendeurs et des décadences successives de la célèbre abbaye de Fleury précédera avec avantage, les appréciations archéologiques des principales divisions de cette vaste basilique.

Cet ouvrage se divise naturellement en deux parties principales : la partie historique et la partie archéologique.

PREMIÈRE PARTIE.

NOTIONS HISTORIQUES.

I.

Saint Benoît, patriarche des moines d'Occident.

Vers la fin du ve siècle, en 480, naissait à Norcia, en Ombrie, un enfant que ses parents pieusement inspirés nommèrent *Beni* (*Benedictus*), maintenant Benoît.

Dès sa première enfance, il n'eut qu'un désir, celui de plaire à Dieu; qu'une seule crainte, celle de l'offenser.

Envoyé à Rome pour suivre les écoles publiques, Benoît s'effraya bientôt des désordres auxquels se livraient ses jeunes condisciples, et accompagné de sa nourrice qui l'aimait tendrement, et le suivit jusqu'au bourg d'Afile, il prit le chemin du désert.

C'est par l'intercession de la très-sainte Vierge que Benoît obtint la grâce de s'échapper aux dangers qui menaçaient son innocence. Un jour qu'il épanchait son cœur aux pieds de l'image vénérée de la Vierge Marie, il se sentit tout à coup inspiré de fuir le monde, ses joies, ses vanités, pour aller s'ensevelir dans la solitude, à l'exemple de ces fervents chrétiens, dont les déserts de la Thébaïde dérobèrent aux regards des mortels les pénitences et la sainteté.

On voit encore à Rome dans une chapelle bâtie sur les ruines du palais de Sextus Annicius, une peinture de la sainte Vierge, que l'on dit être celle devant laquelle Benoît enfant venait prier. (*Const. Cajetan, in Epist. de Colleg.* etc.)

Le désert vers lequel Benoît dirigea ses pas était situé à 40 milles de Rome, il y arriva vers l'année 894.

Ce fut au sein d'une chaîne de rochers escarpés, au bas desquels coule une rivière et s'étend un lac, qu'il choisit pour demeure une grotte obscure. Ce lieu appelé à cause de sa position *Sublacum*, par les Italiens *Subiaco*, et dans l'histoire Sublac, est devenu célèbre.

Un moine du voisinage donna secrètement l'habit religieux à Benoît âgé à peine de quatorze ans.

Après trois ans de la retraite la plus profonde, un saint prêtre de la contrée, providentiellement conduit vers Sublac, fit connaissance du jeune solitaire, et bientôt après, des bergers qui l'aperçurent près de sa grotte, entrèrent en rapport avec lui : les uns se mirent sous sa conduite, les autres répandirent au loin le bruit de sa sainteté.

Les religieux d'un monastère nommé Vicovare (*Varronis Vicus*), entre Sublac et Rivoli, ayant perdu leur abbé, le conjurèrent de se mettre à leur tête, mais bientôt la sévérité de son zèle leur déplut, ils cherchèrent à le faire mourir par le poison. Voici en quelle occasion : Avant de commencer le repas, on présentait au saint abbé la nourriture afin qu'il la bénît. Un jour que Benoît tendait, selon sa coutume, sa main pour bénir le repas des religieux, faisant

1***

le signe de la croix, le vase qui lui était destiné
se brisa. Benoît ainsi prévenu miraculeusement
du parricide projet conçu pour le faire mourir,
dit à ces misérables : Que Dieu vous pardonne,
mes frères, mais vous devez comprendre que
mes mœurs ne peuvent sympathiser avec les
vôtres. Il se retira de nouveau à Sublac.

A quelques années de là, douze monastères
s'élevaient dans la province de Valéria sous
différentes dénominations. Dans chacun de ces
monastères, douze moines vivaient soumis à un
supérieur que Benoît avait désigné. Le saint
patriarche restait dans une cellule construite
près de sa grotte, et quelques religieux demeu-
raient à ses côtés. Telle fut la première origine
de l'ordre à jamais célèbre des Bénédictins.

Il ne reste plus que des ruines de ces douze
monastères primitifs, réunis depuis en un seul,
celui de Sainte-Scholastique.

Des monts Symbriens où Benoît était allé
s'ensevelir, sa réputation de vertu se répandit
bientôt au loin. De nobles et vertueux seigneurs
romains vinrent le trouver à Sublac, et con-
fièrent leurs enfants à la sagesse de sa direction.
On cite surtout les noms de deux jeunes enfants

de famille patricienne : Maur et Placide, qui devinrent disciples du saint fondateur, et contribuèrent plus tard à répandre sa règle et ses institutions monastiques dans des régions lointaines, et notamment en France.

Le démon fit tous ses efforts pour paralyser l'action du saint abbé sur son ordre naissant.

Un homme infâme, jaloux de la sainteté et des succès de Benoît, le poursuivit tellement de calomnies et d'accusations odieuses, que le saint religieux, ami de la paix, crut devoir quitter Sublac, pour se retirer au sommet du mont Cassin, où il jeta les fondements du célèbre monastère de ce nom, vers 529.

Peu versé dans les sciences humaines, saint Benoît posséda au plus haut degré la science des choses spirituelles, ce qui a fait dire de lui à saint Grégoire le Grand : *Scienter nesciens et sapienter indoctus.*

Saint Benoît, d'après le P. Mabillon, était dans les ordres sacrés, mais il ne voulut point, par humilité, être promu au sacerdoce.

Après une vie pleine de bonnes œuvres, admirable de sainteté, et illustrée par d'éclatants prodiges, saint Benoît pressentant sa fin prochaine fit creuser son tombeau; six jours après, il demanda à être porté à l'église pour y recevoir le saint viatique. Après l'avoir reçu, et donné quelques instructions à ses disciples, s'appuyant sur l'un d'eux, il pria debout, les mains levées au ciel, et rendit tranquillement l'esprit. Sa mort arriva le 21 mars 543, il était âgé de 63 ans.

Les limites d'un simple aperçu historique sont trop restreintes pour qu'il soit possible d'entrer dans le détail des vertus et des miracles du saint patriarche, mais on trouvera encore à la fin de cet ouvrage plusieurs faits remarquables de sa vie, qui, tout en servant à expliquer les sculptures de plusieurs chapiteaux de l'église de Saint-Benoît, compléteront ces notions biographiques.

II.

Règle de saint Benoît.
Différentes congrégations de son ordre.

La règle que saint Benoît donna à ses religieux offre un ensemble admirable de sagesse

et de discernement. Saint Grégoire la préférait
à toutes les règles connues; elle fut généralement adoptée par les moines d'Occident.

Saint Benoît ouvrait ses monastères à tous
ceux qui faisaient preuve d'une vocation réelle,
quelle que fut leur condition.

Les plus jeunes enfants étaient reçus et élevés
dans les monastères.

Le prévôt ou prieur présidait la communauté
qui était divisée en plusieurs dizaines, chaque
dizaine avait un doyen; l'abbé avait un pouvoir absolu sur tous les religieux qu'il gouver-
nait plus par ses bons exemples et par sa pru-
dence, que par son autorité.

Les religieux se levaient la nuit pour chanter
l'office.

La journée était partagée entre la prière,
l'étude et le travail des mains.

Les jeûnes étaient fréquents et rigoureux,
l'abstinence continuelle.

Les vêtements furent différents dans le prin-
cipe. On les modifiait selon l'exigence des
climats.

Le premier monastère de France qui adopta
la règle de saint Benoît fut celui de Glanfeuil,

dans l'Anjou. Saint Maur, disciple de saint Benoît, partit l'an 543 pour aller le fonder. Cette année-là même il passa à Orléans, où il séjourna quelques jours. Il paraît très-probable que dans ce voyage, saint Maur eut des relations avec les religieux de Saint-Aignan qui admirent depuis la règle de saint Benoît avec celle de saint Colomban.

Le célèbre monastère du Mont-Cassin où mourut saint Benoît fut ruiné par les Lombards en 580, il fut rétabli en 720. Après avoir été de nouveau ravagé par les Sarrasins à la fin du IXe siècle (884), et par les Normands au XIe (1046), enfin par l'empereur Frédéric II au XIIIe (1230), il fut reconstruit avec magnificence.

L'ordre de Saint-Benoît comptait en 1780, trente-sept mille maisons, y compris toutes les filiations.

Le nombre des hauts personnages qui sont entrés dans cet ordre, dans la suite des temps est aussi remarquable que celui des hommes célèbres qu'il a produits.

Au moyen âge, la règle de saint Benoît fut prescrite à tous les monastères de France, dans un concile tenu à Aix-la-Chapelle, en 802.

Depuis le xᵉ siècle, l'ordre de Saint-Benoît s'est divisé en plusieurs congrégations indépendantes, telles que celle des Camaldules, des Cisterciens ou moines de Citeaux, des moines de Fontevrault, de Cluny; l'abbaye de Fleury-Saint-Benoît appartenait à la congrégation de Saint-Maur.

III.

Origine de l'abbaye de Fleury (*).

Au commencement du viiᵉ siècle, un pieux et noble seigneur, Jean Albon, fuyant les intrigues et les crimes de la cour de Brunehaut, reine d'Austrasie, s'était retiré en un sien château de l'Orléanais situé sur la rive droite de la Loire, dans un val appelé Fleury, et que la fécondité de son sol avait fait surnommer Val d'or, *Vallis aurea Floriacensis*.

(*) Auteurs dont ce résumé est extrait: Pierre Chastier, *MMS.* — Gautier, *Vie des PP. ermites*, t. — Dom Chazal. — Lemaire, *Ant. orl.* — Symp. Guyon. — La Saussaie, *Annal. eccl. Aurel.* — *Histoire de France*, etc.

Vers l'an 608, Albon et Lingilde son épouse, firent construire à une petite distance de leur château une église dédiée à saint Sébastien, sur l'emplacement de laquelle était encore l'église paroissiale de Fleury, à 1 kil. 1/2 de la ville de Saint-Benoît, avant 1830.

En 620, très-probablement à la suite de la mort de Lingilde, Albon, accompagné de son fils, se rendit à Orléans près de Léodebode, abbé du monastère de Saint-Aignan, et sollicita la grâce d'être admis au nombre des religieux de cette abbaye à laquelle il abandonnait tous ses biens, à la condition que son château de Fleury fut converti en un monastère.

Pour se conformer aux intentions d'Albon devenu religieux de Saint-Aignan, Léodebode fit construire vers 633, une église à Fleury sous le vocable de Notre-Dame, et établit dans le château quelques religieux sous la conduite d'un abbé nommé Foucault. Toutefois, le voisinage d'un fief royal et la disposition des bâtiments de l'antique manoir, ne permettaient pas de donner à ce monastère primitif assez d'extension et d'importance. C'était là un obstacle au projet que Léodebode avait conçu de fonder à Fleury, dans des conditions de prospérité et d'avenir, une abbaye qui pût avoir une grande influence civilisatrice sur les populations. Aussi, après avoir échangé avec le roi Clovis II, toute la campagne de Fleury, contre un domaine qu'il possédait à Attigny-sur-Aisne, au diocèse de Reims, il jeta les fondements d'un monastère plus vaste, près duquel il fit construire une église sous le vocable de saint Pierre; et, en 642, les deux abbayes contiguës de Notre-Dame et de Saint-Pierre furent richement dotées par cet opulent abbé de Saint-Aignan, qui, dans un testament mémorable, légua en particulier au monastère de Saint-Pierre, tout le fief royal qu'il tenait de Clovis à titre d'échange.

Lorsque les bâtiments du nouveau monastère furent convenablement disposés, Léodebode y installa des religieux sous la direction de Rigomaire, qu'il institua leur abbé, et qui dut y faire observer les règles de saint Benoît et de saint Colomban, déjà admises par les religieux de Saint-Aignan d'Orléans. Deux ans avant sa mort, le zélé fondateur envoya à

Fleury, pour succéder à Rigomaire, un religieux devenu célèbre, et que certains auteurs mettent à tort au premier rang sur le catalogue des abbés de Saint-Benoît : ce fut Mommole, natif d'Orléans, homme d'intelligence et de piété. Léodebode mourut vers 654.

IV.

L'abbaye de Fleury prend le nom de Saint-Benoît.

Le nouvel abbé du monastère de Fleury, Mommole, savait que les Lombards avaient ravagé le monastère du Mont-Cassin, et que depuis l'année 583, les religieux accueillis par le pape Pélage II, dans le palais de Latran qu'il leur avait donné pour asile, se contentaient d'aller une fois chaque année célébrer sur les ruines de leur monastère détruit, l'anniversaire de la mort de saint Benoît dont ils avaient laissé les restes dans la crypte où il avait été inhumé. Il conçut le hardi projet d'enlever et de transporter à Fleury le précieux corps de ce saint patriarche. C'était là un sentiment de piété filiale, sans doute, mais aussi une pensée de religieuse ambition. Evidemment, le monastère assez heureux pour posséder les ossements vénérés de celui dont la règle était déjà admise par toutes les abbayes de quelqu'importance, et que sa vie féconde en œuvres saintes faisait regarder comme le plus parfait modèle des vertus monastiques, ne pouvait tarder à acquérir une grande célébrité entre tous les monastères. Mommole communiqua son projet à l'un de ses moines nommé Aigulphe, et le détermina à entreprendre ce long et périlleux voyage. L'an 660, le 6 des ides de juillet, sous le règne de Clovis, fils de Dagobert, l'actif et intrépide religieux rentrait au monastère de Fleury, et remettait à son abbé le corps de saint Benoît enlevé du Mont-Cassin, où il reposait depuis 117 ans.

Dès lors l'abbaye de Fleury-sur-Loire prit le nom de *Saint-Benoît*, les religieux y affluèrent de toutes parts, les dons des fidèles et la libéralité de nos rois l'enrichirent, elle ne tarda pas à devenir l'une des plus renommées et des plus florissantes abbayes de France.

Cependant en Italie, Petronax, abbé du

Mont-Cassin entreprenait la restauration du monastère construit par saint Benoît lui-même, et que les Lombards avaient sacrilégement ravagé. Privé des saintes reliques, que par un pieux larcin Aigulphe, religieux de Fleury, avait transporté en France, le monastère reconstruit restait déshérité de son plus précieux trésor. Aussi, Carloman, frère de Pépin le Bref, retiré au Mont-Cassin où il avait pris l'habit monastique, se chargea de la mission délicate et pleine de difficultés, d'enlever au monastère de Fleury le corps du saint patriarche. Il part avec une lettre du pape Zacharie adressée à tous les évêques et tous les prêtres de l'Eglise de France. L'archevêque de Reims, frère naturel de Pépin, accompagne par l'ordre de ce monarque Carloman à Fleury.

A l'arrivée de cette ambassade au monastère, l'abbé Meudon, qui ne pouvait résister aux exhortations paternelles du pape, se borne à verser des larmes, et fait mettre tous ses moines en prière. C'était une affliction profonde, des cris lamentables retentissaient dans la sainte basilique où l'archevêque de Reims avait déjà pénétré. Au moment où il porte sa main sur le tombeau du saint, une subite terreur s'empare de tous les hommes de sa suite, au cœur desquels la foi était vive. Il leur semble qu'ils vont perpétrer un crime... ils poussent une clameur d'effroi. L'abbé descend dans la crypte avec ses frères, il parle avec douceur et charité à ces hommes épouvantés, les conduit hors du saint temple, puis, prenant une décision empreinte d'un sage tempérament, leur remet quelques ossements du corps de leur père commun.

Ce fait explique la présence des reliques du saint patriarche au Mont-Cassin et à Fleury-Saint-Benoît. A une autre époque, des prétentions exagérées de part et d'autre, firent naître de vives discussions entre les deux monastères. Aujourd'hui, les religieux italiens conviennent très-volontiers qu'ils ne possèdent qu'une partie du corps de saint Benoît.

V.

Prospérité de l'abbaye de Saint-Benoît au moyen âge.

L'abbaye de Fleury enrichie du corps et du glorieux nom de saint Benoît acquit rapidement une importance réelle. Sous le règne de Charlemagne, les études sérieuses commencèrent à s'y établir; Radulphe, dixième abbé, s'occupait de faire copier les ouvrages des Pères de l'Eglise pour en faciliter l'étude; et Théodulphe, le savant et gracieux littérateur, après avoir fait construire la petite église monumentale de Germigny-des-Prés (*), méritait d'être promu à la dignité d'évêque d'Orléans, et choisi par le grand empereur d'Occident, pour aller aux extrémités de la France, à Narbonne, à Arles, à Marseille, *tenir les grands jours*, afin d'opérer de salutaires réformes dans l'administration des églises, des tribunaux et des cités.

Louis le Débonnaire, le 14 juillet 808, confirma toutes les prérogatives et priviléges que Charlemagne son père, et précédemment Pépin

(*) *Voyez* la notice sur Germigny, à la fin de cet ouvrage.

le Bref son aïeul, avaient accordés à l'abbaye de Fleury. Il fonda, proche du monastère, un Hôtel-Dieu qu'il dota richement, et établit à l'abbaye une école pour l'enseignement des lettres et des sciences.

A cette époque les abbés de Fleury tenaient le premier rang parmi les abbés dans les conciles. Le roi Charles le Chauve se rendit deux fois différentes à l'abbaye pour y traiter des affaires d'importance. En 845, ce monarque donnait un témoignage de sa royale satisfaction aux religieux, en confirmant et augmentant les priviléges de l'abbaye et ceux du *collége de la noblesse* fondé par Louis le Débonnaire.

Mais à ces jours de prospérité succédèrent bientôt des jours de douleur.

VI.

L'abbaye de Saint-Benoît de Fleury est ravagée par les Normands.

Le bel empire de Charlemagne se divisait en lambeaux, des guerres déplorables entre ses enfants déchiraient le sein de la patrie, et les Normands, hordes sauvages sorties des froides régions de la Suède, de la Norwége et du Danemarck, pénétraient au centre de la France, détruisant les églises et les monastères, ravageant les villes et les campagnes, et répandant partout la terreur et la mort.

En 855, leurs barques remontent la Loire jusqu'à Orléans dont ils s'emparent. Pendant leur séjour dans cette ville qui se racheta du pillage à prix d'argent, l'abbé Bernard s'était retiré avec ses religieux et toutes les richesses de l'abbaye en un lieu de sûreté. Il paraît certain que le monastère n'eût point à souffrir de cette première incursion. Il n'en fût pas de même dix ans plus tard : quatre de leurs barques incendiaires remontent la Loire jusqu'à Fleury, les moines ont pris la fuite avec précipitation, mais ils ont laissé d'abondantes provisions dont les barbares s'emparent, puis, après avoir mis le feu aux bâtiments, ils bouleversent les deux églises de Notre-Dame et de Saint-Pierre, et vont rejoindre le gros de leurs troupes qui les attendait près des ruines encore fumantes d'Orléans.

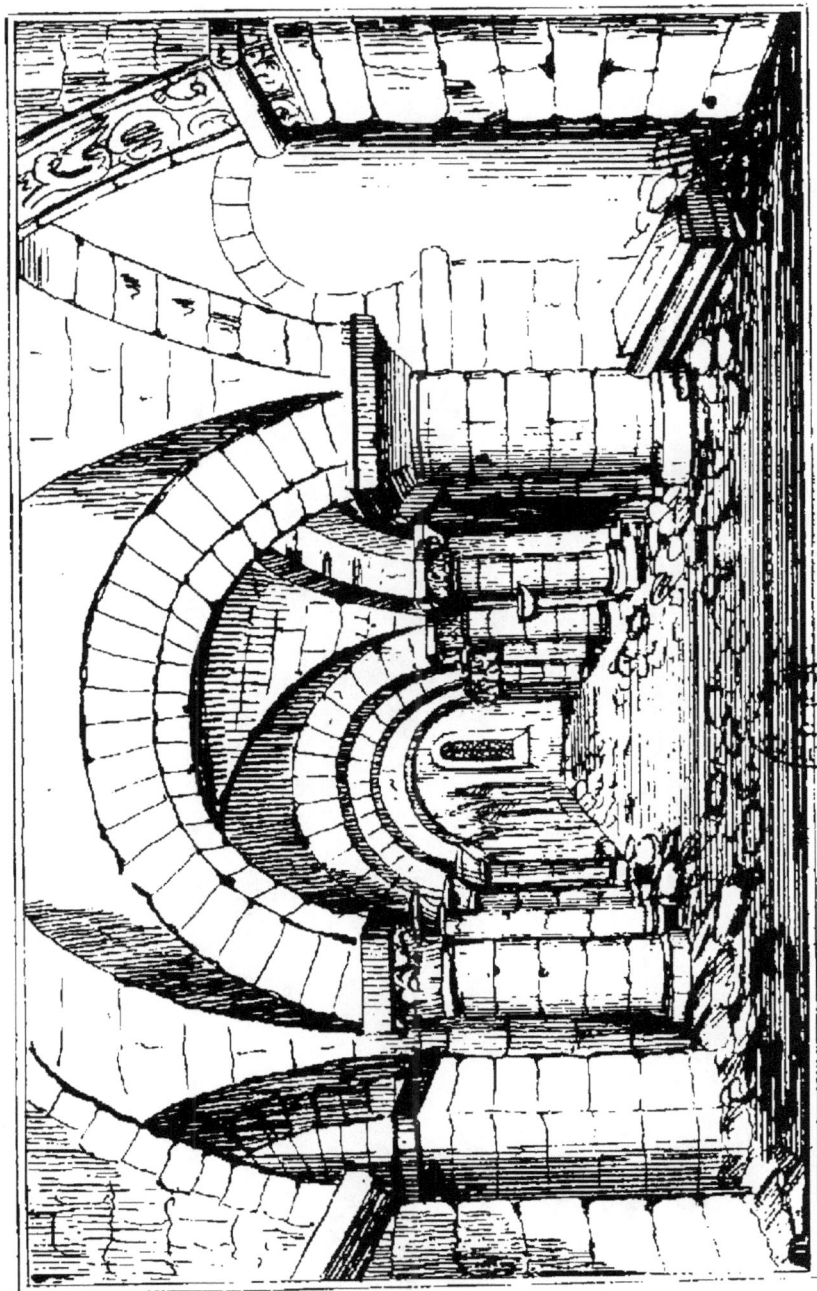

A peine l'abbaye de Saint-Benoît avait ré-
paré ses ruines par les soins de Théodebert
(dix-septième abbé), en 867, que de nouveaux
malheurs fondirent sur elle. Charles le Chauve
venait de mourir, et aussitôt les Normands,
dont il avait arrêté les ravages à force d'or,
par un humiliant traité en 877, reparaissent
sur les eaux de la Loire. Les cris de terreur
que poussent les populations consternées à leur
approche, retentissent jusqu'au monastère de
Fleury, les moines se hâtent de mettre sur des
charriots ce qu'ils ont de plus précieux, et s'en-
fuient, les uns vers la Cour-Marigny, près
Lorris, les autres vers le Moulinet: les Normands frustrés dans leur espoir de pillage s'é-
lancent à leur poursuite, suivent à la trace les
charriots qui s'étaient dirigés vers le Moulinet; au moment où ils les atteignent, à une
petite distance du monastère (4 kil.), aux Bor-
des, le comte d'Auxerre accompagné de l'abbé
Hugues le Grand se trouve en ces lieux, venant
de Bourgogne, il fond sur les barbares et les
écrase. Peu s'échappèrent.

Mais en 883, les Normands surprennent
l'abbaye à l'improviste, massacrent plus de

1**

soixante religieux, et, pour la troisième fois, amoncèlent des ruines dans l'enceinte de ce célèbre monastère.

Une partie de la communauté s'était enfuie avec le corps de saint Benoît, qui fut déposé dans la petite église de Saint-Benoît-du-Retour, construite dans l'intérieur des murs d'Orléans. Cette ville, à cette invasion, s'était sans doute mise en mesure de résister à la fureur des barbares, et offrait aux moines de Fleury un asile assuré.

L'année suivante, le roi Carloman vint le 4 décembre visiter l'abbaye de Saint-Benoît de Fleury; la vue de tant de ruines sur lesquelles gémissaient le petit nombre de religieux échappés au dernier massacre des Normands, inspira à ce monarque une pitié profonde : il ordonna de réunir un grand nombre d'ouvriers habiles, et secondé par le zèle de l'abbé Théodebert, il rendit au monastère et à la sainte basilique, toute la splendeur et la magnificence qu'ils avaient eues sous les rois ses prédécesseurs.

Lorsque cette restauration fut terminée, eut lieu la translation du corps de saint Benoît d'Orléans à Fleury par la Loire, le 4 de décembre. C'était un véritable triomphe. Toutes les populations riveraines accoururent au passage des saintes reliques et témoignaient de leur vénération profonde pour le saint patriarche. L'hiver avait comme providentiellement interrompu ses rigueurs, la journée était magnifique, et la douce chaleur du soleil ajoutait encore à la joie de cette pieuse multitude. Une fête commémorative de cette solennelle translation fut instituée et longtemps célébrée dans le diocèse d'Orléans, dans plusieurs autres diocèses de France et églises d'Allemagne, sous le nom d'*Illation de saint Benoît*.

Plusieurs fois encore, dans le cours de ce siècle, le bruit sinistre des ravages accomplis par de nouvelles invasions des Normands dans les contrées voisines, vint consterner les timides habitants du monastère de Fleury. Dans ces circonstances, l'abbaye fut honorée de la présence des restes sacrés de saint Martin, que les moines de Marmoutiers vinrent déposer dans la crypte où reposait le corps de saint Benoît, alors que le duc Rollon à la tête de ses Normands ruinait et incendiait leur monastère.

De Saint-Benoît, ce saint corps fut transporté à Auxerre où il resta trente ans. C'était un spectacle touchant de voir par toute la France ces familles éperdues de pieux cénobites fuyant devant l'ennemi, et transportant avec des précautions inouïes, comme leur plus précieux trésor, les restes vénérés de leur père commun.

Enfin, l'an 912, un traité solennel unissait le redoutable chef des Normands à la famille des rois de France, par un mariage avec la fille même de Charles le Simple, qui apportait à son époux la Neustrie en dot; la paix fut rendue à toutes les villes et aux monastères tant de fois ravagés et ensanglantés par ces barbares qui venaient, à l'exemple de Rollon désormais Robert, premier duc de Normandie, d'embrasser la foi chrétienne.

VII.

Rétablissement de l'abbaye de Saint-Benoît après les incursions des Normands.

Avec la paix refleurirent à Saint-Benoît la piété et la science; cette abbaye devint de

nouveau si célèbre qu'au commencement du
xe siècle, des hommes considérables vinrent
d'Angleterre pour s'y former à la pratique des
vertus monastiques. De ce nombre furent
Dunstan, Odon, l'un et l'autre devenus arche-
vêques de Cantorbery, Oswald, évêque de
Winchester, et tous les trois inscrits plus tard
au catalogue des saints. Au point de vue de la
science, ce monastère acquit une telle réputa-
tation que déjà sous l'abbé Abbon (988), le
collége des nobles comptait près de cinq mille
écoliers.

On ne saurait mettre au rang de calamités
sérieuses deux incendies qui détruisirent en
974 et en 1006, les bâtiments du monastère :
les ressources abondantes dont pouvaient dispo-
ser les religieux permirent de réparer en peu
de temps ces sinistres, et même d'ajouter encore à la grandeur et à la beauté des différents
édifices. Ainsi, à la suite du second incendie,
l'abbé Gauslin fit construire la tour du péristyle
qui fut terminée en 1026. Précédemment, en
962, sous le règne de Louis IV d'Outremer,
l'abbé Vulfade avait fait entourer l'abbaye de
murailles et de fossés. Plus tard, cette tour

dite de Saint-Michel, construite par l'abbé
Gauslin à l'occident de l'église, devint contrai-
rement à sa destination primitive, une forte-
resse de guerre.

VIII.

Importance de l'abbaye de Saint-Benoît du xiᵉ au xviᵉ siècle.

Au xiᵉ siècle, l'abbaye de Fleury était à elle
seule toute une ville, et comme un centre où
se donnaient rendez-vous les papes, les rois,
les évêques, les savants.

Philippe Iᵉʳ, roi de France, vint à Saint-
Benoît avec toute sa cour en 1078, souvent il
visitait l'abbaye quand il chassait dans les forêts
voisines.

Le pape Innocent II assembla deux conciles
à Saint-Benoît, en 1107 et 1110. Il vint lui-
même à l'abbaye où il séjourna les 20 et
21 mars 1107, et assista à une procession solennelle, dans laquelle on porta pour la première
fois le corps de saint Benoît dans une châsse
d'or magnifiquement ornée de pierreries.

Louis VI dit le Gros, déjà associé au trône par Philippe Ier son père, assistait aussi à cette cérémonie avec toute sa cour, ainsi que Jean, évêque d'Orléans, et Humbaud, évêque d'Auxerre.

L'an 1108, Louis VI fit conduire à Saint-Benoît la dépouille mortelle de Philippe Ier qui fut inhumé au milieu du chœur des religieux, comme il l'avait désiré, afin que la vue de son tombeau inspira à cette fervente communauté, la sainte et salutaire pensée de prier pour lui.

Au deuxième concile tenu à l'abbaye en 1110, assistaient Daimbert, archevêque de Sens, et le plus grand nombre des évêques de France sous la présidence de Richard, légat du Saint-Siége.

L'an 1131, le monastère de Saint-Benoît était encore honoré de la présence d'un souverain pontife, Innocent II. L'abbé Suger alla à sa rencontre jusqu'à Cluny, et Louis VII avec Adelaïde de Savoie son épouse, Philippe et Louis ses deux fils, le reçurent à l'abbaye.

L'opulence bien connue de cette abbaye engagea Louis VII à emprunter aux religieux, pour l'aider dans son voyage de la Terre-Sainte, 300 marcs d'argent et 500 bezants d'or.

A son retour, le roi rendit fidèlement cette somme qui fut consacrée à construire un dortoir.

L'abbaye recevait encore en 1179, Agnès de France, fille de Louis le Jeune. Cette princesse s'arrêta à Saint-Benoît en se rendant à Constantinople, pour épouser l'empereur Alexis Comnême.

Le 4 décembre 1207, une cérémonie mémorable réunissait un nombre considérable d'évêques, de religieux, et de gens de distinction : c'était la translation du corps de saint Benoît, déposé jusque là dans l'église souterraine, et placé depuis cette époque au-dessus du grand autel. L'abbé Garnier était abbé, Pierre, archevêque de Sens, présidait la cérémonie, il était assisté d'Odon, évêque de Paris, de Guillaume, évêque de Rennes, de Manassès, évêque d'Orléans, de Guillaume, évêque d'Auxerre.

Utilisant les ressources abondantes de l'abbaye pour l'achèvement de la basilique de Notre-Dame, l'abbé Barthélemy mettait la dernière main à ce bel édifice, en 1218 ; son successeur, l'abbé Jean, en 1235, pour donner

plus d'éclat à son importante charge sollicitait
du pape Grégoire IX, la permission de porter
la mitre et l'anneau d'or. Le pape Innocent IV
au concile de Laon, en 1245, ajoutait encore
aux immunités spirituelles de l'abbaye, la pré-
rogative de ne pouvoir être frappée d'excommunication, de suspense ou d'interdit sans sa
permission. Enfin en 1249, l'abbé Jean, pour
relever les études du collège de l'abbaye,
voulut que dix religieux du monastère fussent
envoyés aux différentes écoles les plus renommées du royaume, et assigna des revenus pour
la subsistance de ces étudiants.

IX.

Abbés commendataires.

Pendant les xiiie, xive et xve siècles, l'abbaye
de Saint-Benoît fut, sous tous les rapports,
dans un état de stabilité prospère qui la main-
tint au premier rang des abbayes de France.
Toutefois vers la fin du xve siècle, les hauts et
puissants seigneurs qui affluèrent dans cette

riche et savante communauté, y introduisirent un certain esprit, qui n'était pas précisément l'esprit religieux. Cet affaiblissement de la ferveur primitive se fait surtout remarquer à partir de l'époque où les abbés cumulaient les titres sans trop tenir compte des charges, surtout de l'époque où la nomination des abbés commendataires passa en usage.

Jean de la Trémouille fut le premier abbé commendataire de Saint-Benoît, en 1486. Il fit bâtir le chapitre de l'abbaye. Etienne Poncher, sous Louis XII, lui succéda, il construisit la maison abbatiale et un jubé dans l'église de l'abbaye; après sa mort eut lieu sous François Ier, la nomination du fameux cardinal Duprat, les religieux ne voulurent point se soumettre aux prescriptions du concordat de Léon X, qui autorisait le roi François Ier à nommer les abbés commendataires, et refusèrent de reconnaître Duprat, nommé par la reine-mère, en 1516, pour leur abbé; ils choisirent François Poncher, évêque de Paris, neveu de leur ancien abbé. Les esprits se montèrent à un tel point que l'abbaye fut armée comme une citadelle, et quand

Antoine Duprat, assisté de d'Entragues, vint pour s'installer à Saint-Benoît, en 1525, les moines le reçurent à coups de canon, et ce ne fut qu'une année plus tard, quand François Ier après avoir vaincu les oppositions du parlement favorable aux moines et très-opposé au concordat de Léon X, que Duprat fut enfin accepté par les religieux, et encore fallut-il que le roi vint en personne pour les soumettre définitivement. Par les ordres de ce monarque, la tour du péristyle fut découronnée de ses créneaux et considérablement abaissée. Quand au nouvel abbé, pour se concilier l'affection de ses religieux, il fit des embellissements dans leur église : une mosaïque qui existe encore et une arcade en forme d'arc de triomphe devant le grand autel. Cette dernière construction fut supprimée en 1642.

X.

Pillage de l'abbaye
pendant les guerres de religion du xvie siècle.

L'abbaye de Saint-Benoît eût sa large part dans les dévastations impies du xvie siècle. En 1551, Odet de Coligny, cardinal de Châtillon, évêque de Beauvais, fut nommé abbé commendataire de Saint-Benoît; en 1562, il embrassa les doctrines de Calvin et les professa ouvertement. Quand les troubles de religion éclatèrent, Odet de Châtillon retiré à son château de l'Ile, près d'Orléans, envoya vers Antoine Foubert, son prieur de Saint-Benoît, le pro-notaire de Vrigny et ses gentilshommes qui s'emparèrent astucieusement de toutes les richesses de l'abbaye. La châsse de saint Benoît fut brisée, tous les ornements d'or et d'argent furent enlevés du monastère, et ces matières précieuses transportées à Orléans à la Tour-Neuve, servirent à fabriquer de la monnaie pour solder les troupes du prince de Condé. Cette armée de vandales après avoir exercé ses fureurs dans Orléans, se porta sur

Vue de l'Église (côté est)

Lith Couesson

Saint-Benoît et acheva de ravager l'abbaye. Ils ne respectèrent pas même la bibliothèque, qui depuis cette époque fut dispersée en diverses contrées. C'était une des plus belles du royaume, et la plus riche en manuscrits (*).

Des mains de Coligny anathématisé par le pape Pie IV, l'abbaye de Saint-Benoît passa dans celle du cardinal de Guise.

La fin du xvi⁰ siècle, le xvii⁰ et le xviii⁰ n'offrent rien de remarquable. Les fastes de l'abbaye ne présentent que la succession des grands personnages qui furent abbés commendataires de Saint-Benoît, tels, entre autres, Charles d'Orléans, comte d'Auvergne; Achille de Harley, neveu du célèbre président; le duc de Sully, quoique protestant, mais sous le nom de Jacques *le Ber*; Jean-Armand du Plessis, cardinal de Richelieu; Louis de la Rivière, évêque de Langres : sous cet abbé fut élevé le retable du grand autel : le cardinal de Forbin Janson; Dufaur de Pibrac, aussi abbé de Saint-Mesmin de Mici; de Conac, évêque

(*) *Voyez* page 88.

2

de Saint-Dié, qui fit restaurer les bâtiments claustraux; Milon, évêque de Valence, après le décès duquel en 1772, l'abbaye fut réunie à l'archevêché de Bourges.

XI.

Dernières années de l'abbaye de Saint-Benoît.

Vers le milieu du XVIIe siècle, une salutaire réforme s'était introduite dans le monastère de Saint-Benoît, il adopta les statuts de la congrégation de Saint-Maur.

La tendance de cette réforme était non-seulement de faire revivre une plus étroite observance des règles, mais encore de porter les religieux aux études fortes et sérieuses, et surtout à l'instruction de la jeunesse. Cette réforme a fait un bien immense en France, elle avait été introduite par Dom Didier de la Cour, religieux de Sainte-Vanne, à Verdun, dès l'année 1596.

Toutes les maisons dépendantes de la congrégation de Saint-Maur étaient soumises à un supérieur général.

Les prieurs chargés de diriger chaque abbaye étaient élus par le chapitre général qui se tenait alternativement à Saint-Benoît, à Vendôme, à Saint-Germain-des-Prés, etc. C'est aussi dans ces chapitres généraux que l'on nommait les grands dignitaires de la congrégation, tels que le supérieur général, les visiteurs de province, et les députés pour les diètes provinciales. Les chapitres généraux étaient convoqués tous les cinq ans.

Les religieux de Saint-Benoît comme tous ceux de la même congrégation étaient vêtus d'une robe et d'un scapulaire noirs, et par dessus, au chœur ou en ville, ils portaient une coule, sorte de manteau très-ample.

A la fin du xviiie siècle, l'abbaye de Saint-Benoît quoique singulièrement dégénérée de son antique splendeur, était encore une des abbayes de France ou la discipline religieuse et les études étaient le plus florissantes. Cependant en 1789, quand le décret du 2 novembre vint atteindre cet ordre, il n'y avait plus à l'abbaye que douze religieux et quinze novices. On a beaucoup déclamé, à une certaine époque, contre les désordres de ce monastère, c'était évidemment par esprit d'impiété ou sans connaissance de cause, car les habitants de Saint-Benoît n'ont gardé qu'un bon souvenir de la piété et de la charité des bénédictins ; et, à part quelques individus dont les excentricités plutôt que les scandales ont pu donner lieu à quelques blâmes mérités, les religieux avaient réellement conservé l'esprit de leur état.

Près de onze siècles se sont écoulés, depuis la fondation de la célèbre abbaye de Saint-Benoît, jusqu'à sa suppression en 1789.

Forcés de quitter leur communauté en 1792, les derniers religieux obtinrent la permission d'emporter pour leur usage personnel, des vases sacrés, des ornements sacerdotaux, et quelques volumes de la bibliothèque. La plupart se retirèrent dans leurs familles. Deux d'entre eux exercèrent les fonctions ecclé- siastiques à Bray et à Saint-Benoît. Un troi- sième, sécularisé, se fixa à Saint-Benoît dont il devint maire.

Dom Charpentier dernier prieur de Saint- Benoît avait eu la faiblesse, après la dispersion de sa communauté, de prêter le serment et d'accepter les fonctions de supérieur du grand séminaire d'Orléans, mais bientôt il se repentit amèrement de sa conduite, se retira à Paris, d'où il écrivit au maire d'Orléans la lettre suivante, qui pourra donner une idée des sentiments dont pouvaient être animés les derniers religieux quand ils furent proscrits.

« Monsieur le maire,

» Ne pouvant résister plus longtemps au cri
» de ma conscience, qui, depuis plus de huit
» mois, me reproche le serment que j'ai prêté,
» en qualité de supérieur du séminaire d'Or-
» léans, en présence de la municipalité de cette
» ville, je viens aujourd'hui rétracter ce ser-
» ment, et vous prier de vouloir bien insérer
» ma rétractation à côté du serment qui est
» porté dans vos registres.

» Je ne puis reconnaître que l'Eglise catho-
» lique, apostolique et romaine pour juge, en
» matière de foi et de discipline, et je préfère
» l'indigence et la mort au malheur d'être
» séparé de son chef et de ses membres;
» j'abandonne mon sort à la Providence.

» Dieu me fasse la grâce de réparer par une

» pénitence salutaire, la faute que j'ai faite et
» le scandale que j'ai occasionné.

    » J'ai l'honneur d'être, etc. »

    J.-R. CHARPENTIER, *prieur de Saint-Benoît.*

Ce tableau historique des événements qui ont signalé la longue existence de l'abbaye royale de Fleury-Saint-Benoît, quoiqu'esquissé à grands traits, peut cependant donner une idée de son importance.

Cette abbaye mérita à plus d'un titre le nom de célèbre. Léon VII l'appelait *le premier et le chef de tous les monastères*, et Alexandre II donnait le titre de *premier des abbés de France* à l'abbé de ce monastère.

NOTIONS ARCHÉOLOGIQUES.

I.

Coup d'œil général sur les constructions primitives de la basilique et de l'abbaye de Saint-Benoît de Fleury.

Lorsqu'en 620, Jean Albon, seigneur de Fleury, confia à Léodebode, abbé de Saint-Aignan d'Orléans, le projet de transformer son château en un monastère, et de construire pour les religieux une église sous le vocable de Notre-Dame, il fournit à cet homme de génie une admirable occasion de jeter les fondements d'une vaste abbaye, dont l'action civilisatrice put vivifier ces contrées du centre de la France. Toutefois comme les constructions de l'antique castel ne pouvaient pas être facilement transformées en un monastère, il se détermina aussitôt à élever un bâtiment mieux approprié aux besoins de la vie religieuse. Dans la même enceinte, il édifia une petite église en l'honneur de saint Pierre pour l'utilité des religieux, et précisément, parce qu'en construisant de concert avec Léodebode l'église de Notre-Dame dans de larges proportions, il ne pouvait espérer de la terminer avant un laps de temps considérable.

Ces inductions ressortent du testament de Léodebode, seule pièce historique connue qui puisse jeter quelque lumière sur l'origine du monastère de Fleury, et fixer l'époque précise des premières fondations de son antique basilique.

L'habile architecte qui traça sur une aussi grande échelle le plan de l'église de Notre-Dame, voulait traduire avec magnificence la pensée des pieux et opulents fondateurs, et il se conformait d'ailleurs au genre généralement adopté dès cette époque pour les monuments religieux de quelqu'importance.

En effet, les basiliques romaines adaptées aux exigences du culte chrétien, devinrent le type de presque toutes les églises qui furent construites en Occident au ivᵉ siècle, et l'on s'écarta peu de cette forme, dans celles qui furent élevées jusqu'au xiᵉ siècle. Ces édifices étaient bâtis souvent sur un plan circulaire, et, dès cette époque primitive, on voit apparaître les transepts avec leurs autels secondaires. Dans les grands monuments, des cryptes ou confessions destinées à recueillir les restes sacrés des martyrs et des confesseurs de la foi, s'étendaient sous le chœur et offraient la reproduction en petit de l'église supérieure.

D'après ces notions, on peut faire remonter le plan général de l'édifice actuel, l'achèvement des cryptes, jusqu'à l'époque de Jean Albon, sans être taxé d'exagération, pour vouloir assigner à cette église une antiquité aussi reculée.

Les parties les plus notables de la sainte basilique furent achevées par saint Mommole (en 66o), et l'on ne trouve aucun document qui puisse empêcher de penser que le corps de

2*

saint Benoît ait été déposé dans l'église souterraine quand il fut apporté du Mont-Cassin.

Le style des constructions actuelles de l'église
supérieure n'était pas il est vrai le style adopté
au vii⁰ siècle; mais n'est-il pas probable que
dans leurs incursions successives, les Normands
auront joint aux dévastations de l'intérieur,
et à l'incendie des toits, la démolition au
moins partielle, des murailles du temple primitif. Il fut restauré, il est vrai, à la suite de
ces guerres, puis, à raison des chocs violents
et multipliés qu'il avait reçu, n'offrant plus,
après quelques siècles, assez de solidité, il dut
être reconstruit de nouveau, mais sur ses
anciens fondements. Ces considérations d'ensemble vont se compléter dans les chapitres
suivants, par l'analyse des détails.

Quand à l'origine des bâtiments claustraux,
on n'a plus à examiner si telle ou telle partie
remonte à la première fondation, il n'en reste
que l'emplacement, sauf une petite portion des
bâtiments de l'abbaye les plus récemments
construits, c'était le parloir, au sud de l'église.
Proche du mur qui dominait les fossés d'enceinte, au sud-ouest, on indiquait (1850) une

excavation comme le lieu où s'élevait autrefois
la petite église de Saint-Pierre (*).

L'ancien château de Jean Albon qui servit
de monastère aux premiers religieux, sous
l'abbé Foucault, était situé au nord. Des bri-
ques romaines trouvées à cet endroit, entre
l'ancienne prison, actuellement le presbytère,
et le bâtiment qui servait de pressoir, semblent
avoir appartenues à cette antique construction.

II.

Périodes successives des ruines et des reconstructions du monastère et de l'église.

Il est peu d'abbaye dont les édifices aient
subi des alternatives de ruine et de reconstruc-
tion aussi multipliées que celle de Fleury.

Achevées une première fois vers la fin du
VIIe siècle, la basilique et l'abbaye de Saint-
Benoît furent embellies et augmentées pendant
les deux siècles de paix et de prospérité qui pré-

(*) *Voyez* le Plan général du monastère à la fin.

cédèrent les fatales incursions des Normands.

Après avoir éprouvé en 856, sous l'abbé Bernard, une assez peu importante dévastation, l'église de Notre-Dame et les lieux réguliers qui avaient été promptement restaurés, furent incendiés et bouleversés dix ans plus tard, par les hordes barbares. L'abbé Théodebert répara avec soins ces premières ruines.

En 883, la basilique et le monastère furent pour la troisième fois restaurés, avec toute la magnificence qu'ils avaient eue avant ces déplorables époques. Reste-t-il des traces de cette grande et splendide réparation? Faut-il faire remonter jusque là, la construction de l'abside, du sanctuaire, et des transepts ou croisillons, et ne doit-on regarder que comme de simples restaurations de ces différentes parties de l'édifice, ce que les auteurs dans la succession des temps appellent *constructions?* Les différents abbés qui ont fait travailler à l'abside, au chœur, et aux deux transepts, n'ont-ils fait que les voûtes restées longtemps en bois? Peut-on en un mot assigner la fin du ixe siècle, comme l'époque réelle de la construction de l'église supérieure actuelle?... L'étude attentive

des caractères architectoniques des différentes
divisions de cet édifice, ne permet pas
d'adopter cette opinion. On reconnaît le style
romano-byzantin primaire, architecture dans
laquelle se confondent deux éléments distincts,
le style latin perfectionné et une imitation
sensible du style byzantin. Or, ce genre ne fut
pas adopté avant le xie siècle; mais non-seulement
ce genre de style ne permet pas de remonter
au delà du xie siècle, il ne pourrait pas même,
dans l'espèce, servir à fixer approximativement
l'époque de la construction de cette église, car
les bénédictins ont adopté ce genre d'architecture pour des édifices bien postérieurs, et il faut
que des données historiques positives, ou des
analyses de détail, viennent en aide aux inves-
tigations de l'archéologie. Du reste, il est facile
de remarquer dans ce monument de grandes
divisions, sur chacune desquelles les siècles ont
imprimé leur cachet distinctif, et l'histoire est
parfaitement conforme à l'opinion qui naît
d'une analyse attentive.

III.

Changements survenus dans l'ordonnance générale de l'église.

Les changements successifs occasionnés par les ravages du Temps, sous la puissante main duquel tout se mine et s'affaisse ici-bas, et surtout, les transformations opérées par le vandalisme des restaurations inintelligentes d'un autre âge, ont singulièrement modifié les dispositions intérieures et l'aspect général de ce bel édifice.

A l'extérieur, la tour de Saint-Michel s'élevait majestueusement couronnée de créneaux et surmontée d'une campanille. Deux tours accompagnaient la croupe de l'église et en dominaient le grand comble, le clocher construit à l'intersection des transepts, se terminait par une flèche élégante. Tous les bâtiments claustraux groupés autour et comme à l'ombre protectrice de la sainte basilique, offraient un ensemble imposant. Maintenant, solitaire, à demi sortie de ses ruines, l'église de Notre-Dame de Fleury attriste l'âme par son isolement.

C'est une mère en deuil qui pleure ses enfants, sans vouloir être consolé, parce qu'ils ne sont plus. C'est un beau navire resté à flot après l'effroyable tempête qui l'a dévasté.

A l'intérieur, quel changement de perspective! Du seuil de la porte, le regard entrevoyait les chapelles absidales à travers les élégantes colonnes du sanctuaire, et plongeait jusque dans la profondeur de la crypte ouverte sous l'autel supérieur, pour laisser apercevoir la lueur des lampes allumées autour du tombeau du saint patriarche. Aujourd'hui, des masses de pierre et de marbre amoncelées à grands frais rétrécissent l'horizon, et enlèvent à la basilique tout le caractère de son ordonnance primitive. Un ignoble badigeon a déshonoré la vieillesse de ce bel édifice, dont les murs tout imprégnés d'une poussière séculaire, permettaient à l'œil de se reposer sur des tons doux et uniformes. Puis, excepté les jours sanctifiés par un peuple encore si bon et si religieux, le silence des tombeaux a remplacé les chants sublimes de la prière, dont retentissaient, et le jour et la nuit, les voûtes de cette maison de Dieu.

IV.

Appréciations archéologiques
des principales divisions de l'église.

Si ce beau monument, au premier abord, frappe l'imagination par son seul aspect, l'analyse raisonnée des différentes parties dont il se compose fait refluer toutes les pensées vers les régions idéales des siècles écoulés, et le visiteur sérieux se livre avec une douce jouissance à la contemplation attentive de ce travail remarquable qui traduit si bien les mœurs d'un passé éminemment religieux.

§ 1. LE PÉRISTYLE.

Les grandes basiliques chrétiennes des temps primitifs avaient à leur entrée occidentale une sorte de tour colossale formant avant-corps, et souvent séparée de l'église même. On nommait *narthex* cette partie de l'édifice destinée aux catéchumènes et aux pénitents.

Au vII⁰ siècle, quand Léodebode, abbé de Saint-Aignan, jeta les fondements de la basilique de Notre-Dame de Fleury, on élevait encore des narthex ou portiques séparés. Ce péristyle relié depuis au corps de l'église, a du en être primitivement isolé. Il est facile de se convaincre de la vérité de cette assertion, en considérant la disposition intérieure de l'appareil du mur sur lequel est appuyée la tribune de l'orgue.

Composé de travées de voûtes plein cintre, ce portique parfaitement carré est d'un effet magnifique. Les voûtes sont soutenues par quatre rangs de gros piliers offrant des fûts de colonne à demi engagés à chacune de leur face. Comme toutes les constructions destinées à soutenir des étages supérieurs, le péristyle n'est pas d'une grande élévation, mais il présente dans ses belles et majestueuses proportions l'aspect de la solidité, sans perdre pour cela de sa grâce et de son élégance. Le style est romano-byzantin. Il fut construit en 1026 par l'abbé Gauslin sur les fondements du narthex primitif, et consacré à saint Michel archange ; c'est sous ce vocable qu'il est désigné dans les manuscrits : *tour de Saint-Michel.*

Les chapiteaux du péristyle offrent, pour la plupart, des figures fantastiques ; toutefois, un certain nombre reproduisent quelques scènes religieuses, quelques mystères de la vie de la très-sainte Vierge : *l'Annonciation, la Visitation, la Fuite en Egypte,* etc.

L'un de ces chapiteaux a donné lieu à beaucoup d'interprétations. C'est tout simplement une scène du jugement dernier. Jésus-Christ est sur son trône, les justes à sa droite sont représentés par les pasteurs des églises : *Septem ecclesiæ* (*); à sa gauche deux anges tiennent un livre sur lequel on lit : *Tout ce que vous aurez vu et entendu, écrivez-le...* (**) Le moment solennel d'ouvrir ce *livre écrit* est arrivé. Le monde est cité au tribunal du Christ, un homme est prosterné à ses pieds, il attend sa sentence, elle doit être terrible s'il est pécheur, car au-dessus de la tête du souverain juge on lit : *Glaives, sortez de la bouche du Seigneur* (***).

C'est là une page de ce catéchisme mural que les fidèles des premiers âges du christianisme pouvaient lire en entrant dans les temples. Ce

_____

(*) Sept églises.

(**) *Quæ videris et audieris scribe in libro.*

(***) *Gladii deore Domini exite* (Jons. S. Jean.)

chapiteau est à la seconde colonne de la façade occidentale, à droite. Sur le tailloir d'un autre, à la même façade, à l'intérieur, on lit : VMBERIVS ME FECIT. Cet Umbert ou Imbert est-il l'architecte de l'édifice? n'est-il que le sculpteur du chapiteau? On l'ignore.

Le péristyle livré pendant des siècles à des usages profanes, servant d'ailleurs de point d'appui aux bâtiments claustraux, avait été profondément endommagé; mais, grâce aux intelligentes réparations exécutées depuis 1847, il sera bientôt rétabli dans toute la beauté de sa première ordonnance.

Dans la façade septentrionale du péristyle sont incrustées plusieurs sculptures provenant de quelques parties détruites de l'édifice. On y remarque : *une scène du jugement*, le Christ nimbé a les bons à sa droite, les méchants à sa gauche; *deux scènes de chasse* prises jusqu'à présent pour des signes du zodiaque; *une louve allaitant ses petits*; *le martyre de saint Etienne*; *un homme tendant les mains en avant*.

Le premier étage du péristyle offre la reproduction exacte du rez-de-chaussée. Les piliers ont la même forme et la même ordonnance;

cependant ils sont plus élevés. Le jour y arrive
de tous côtés par des ouvertures longues, étroites, et terminées par des arceaux plein cintre
et à petit appareil, qui retombent sur des chapiteaux de colonnes à demi engagées à l'intérieur de ces fenêtres. Deux de ces ouvertures,
celle du milieu de la façade occidentale et la
première à gauche dans la façade septentrionale sont d'une architecture différente, elles
accusent le XIVe siècle. A cette époque, on avait
muré toutes les autres fenêtres et construit ces
deux dernières, afin d'éclairer une chapelle
établie à ce premier étage pour l'usage des
abbés. Cet oratoire subsista jusqu'en 1525. Le
cardinal Duprat avait été nommé abbé commendataire, les religieux n'acceptèrent point
cette nomination faite par François Ier en vertu
du concordat de Léon X, et s'opposèrent à
main armée à son installation. Du haut de la
tour du péristyle transformée en véritable citadelle, les gens de l'abbaye repoussèrent vivement
les troupes du chancelier à coups de canon.
Mais vers la fin de juillet 1527, François Ier
vint de sa personne à Saint-Benoît, soumit les
moines rebelles à ses volontés, et ordonna la

démolition immédiate de la tour ; elle fut seulement abaissée d'un étage, mais elle perdit la belle flèche en pierre qui la terminait. Le toit et la lanterne qui couronnent aujourd'hui le péristyle sont d'un fort mauvais goût. Ce comble devenu une sorte de clocher, renferme l'une des belles cloches de l'abbaye, elle est connue sous le nom de Saint-Benoît, et pèse 3800 : c'était la plus grosse de celles qui furent fondues en 1647, au nombre de six, et qui composaient une magnifique sonnerie. Les cinq autres furent descendues en 1793, ainsi que les deux qui étaient suspendues dans le clocher central. On mit en fusion en 1647, 14,000 livres de métal.

L'horloge et les timbres sont les mêmes qui avant 1793 réglaient les exercices du monastère.

§ 2. LA NEF.

La porte par laquelle on entre dans la basilique n'a été ouverte dans le mur du péristyle qu'en 1648, à l'époque ou l'on construisit la tribune de l'orgue.

La première impression qu'éprouve le visi-

teur en jetant ses regards dans l'intérieur de
l'antique basilique, c'est l'admiration. Cet
édifice par l'élévation de ses voûtes qui sont à
20 mètres au-dessus du sol, par sa longueur
qui est de plus de 80 mètres, par la simplicité
sévère de son ordonnance générale, a en effet
quelque chose de saisissant.

La nef principale est flanquée de deux petites
nefs, beaucoup plus étroites et plus basses,
qui doivent être de la même époque. La nef
fut construite au XIIIᵉ siècle. Elle réunit à cette
époque le péristyle au reste de l'édifice. Il est
facile de se convaincre que toutes les arcades
de la grande et des basses nefs furent construites
d'un seul jet. Il n'en a pas été ainsi des fenêtres, qui accusent, quoique de même style,
deux constructions différentes.

Les voûtes de la nef et des transepts restè-
rent quelque temps en bois; mais en 1218,
le style ogival s'introduisait définitivement
dans les édifices religieux. Amis du progrès,
et intelligents protecteurs des arts, les bénédictins voulurent patroner cette magnifique innovation, et ils l'adaptèrent au style
romano-byzantin de leur basilique. Toutefois,

pour rendre moins brusque la transition du plein cintre à l'ogive dans les voûtes d'un même édifice, et pour ne point rompre la majestueuse unité qui résultait de la parfaite harmonie des grandes divisions du monument, les voûtes des transepts furent construites en ogives, mais sans nervures, tandis que l'ogive avec ses réseaux de nervures saillantes et entre-croisées ne commence qu'à la nef; chose digne de remarque, ces trois sortes de voûtes aboutissant à un grand pendentif ou coupole, ne présentent rien de disparate, l'œil n'est point blessé par la dissemblance des courbes, et les lignes ont été si habilement tracées, qu'il faut une considération des plus attentives pour saisir les anomalies de style, artistement dissimulées dans ce bel ensemble.

Les chapiteaux de la grande nef ne présentent la plupart, que des figures fantastiques qui ont remplacé dans des réparations postérieures, les chapiteaux historiques de la construction primitive dont il ne reste que trois. Deux sont placés derrière les stalles, à droite et à gauche des dernières travées de la basse nef, et l'autre à la retombée de voûte de la

coupole, à l'angle du transept sud. A gauche,
derrière les stalles, le sujet reproduit une ten-
tation que le démon fit subir à saint Benoît
(Note 4). A droite, c'est une autre agression
du démon (Note 2). Au chapiteau de la coupole, saint Benoît éteint le feu que le démon
avait mis dans les cuisines du monastère
(Note 7).

§ 5. L'ORGUE.

Autrefois, un jubé surmonté d'un orgue
séparait le chœur des moines d'avec la première
portion de la nef réservée aux fidèles; il fut
détruit en 1563. Des débris de cet orgue brisé
par les soldats de Coligny, un facteur de Dijon,
Grandin, composa un nouvel instrument
beaucoup plus considérable, qui fut touché
pour la première fois le jour de la Pentecôte
1657. Il était établi sur la tribune actuelle
dont les sculptures en pierre ne furent terminées
qu'en 1704. Le buffet qui avait été sculpté par
des artistes d'Orléans, était d'une grande
richesse, on l'a transporté à la cathédrale
en 1824. M. Lebrun, architecte, qui avait

acheté l'abbaye en 1793, avait réservé, en échangeant l'église de Saint-Benoît contre celle de Fleury, l'orgue et les stalles, dont il fit hommage à la fabrique de Sainte-Croix.

§ 4. LES STALLES.

Les stalles établies en 1413, par Droin, Jacques et Collardin-Chapelle, artistes orléanais, sont d'un beau travail, et n'ont coûté que 400 livres; elles sont surmontées de dais sur lesquels ont été sculptées en bas-relief, d'un côté, des figures de religieux singulièrement mimés, et de l'autre une série d'oiseaux nocturnes. Aux extrémités des stalles, sur les panneaux qui forment piédestaux, on remarque des statuettes, presqu'en bosse; le morceau le mieux conservé est la scène de l'*Annonciation*. Ces statuettes et leurs niches ogivales moulées par un artiste intelligent sont reproduites au tombeau du grand autel, avec un agencement assez remarquable.

Ces sculptures si bien traitées ont perdu toute la délicatesse de leurs détails sous une couche épaisse de peinture à l'huile. La cor-

2**

niche des dais a été mêlée à une corniche
d'ordre grec, qui lui fait perdre tout son
caractère. Ce fut sans doute pour raccorder le
dossier des stalles avec l'encadrement de ces
tapisseries dont l'élévation écrase cette belle
boiserie ogivale, et coupe si disgracieusement
les lignes des travées de la nef. Cette superfé-
tation doit être de l'époque du badigeon.

Avant de monter au sanctuaire, on s'arrête
naturellement au tombeau de Philippe Ier.

§ 5. TOMBEAU DE PHILIPPE Ier.

Philippe Ier, sur lequel une funeste passion et
les rigueurs d'une excommunication de vingt
années avaient attiré le mépris des peuples,
touché de repentir à ses derniers moments,
demanda à être enterré au milieu du chœur de
l'église de Saint-Benoît, afin que les religieux
qu'il avait souvent visité, eussent la pieuse
pensée de prier pour le repos de son âme.
Guillaume de Malbesburi avance à tort qu'il
prit l'habit religieux avant de mourir. Sa mort
eut lieu à Melun l'an 1108; il était âgé de
soixante ans.

Louis VI dit le Gros, son fils, le fit inhumer avec pompe.

« Le matin étant venu, Louis fit mettre le
» corps de son père dans une litière fort bien
» parée de deuil, et la fit charger sur les
» épaules de ses serviteurs, qui la transportè-
» rent à l'abbaye de Saint-Benoît ; ledit Louis
» le Gros suivant le convoi de son père, le long
» du chemin tantôt à pied, tantôt à cheval,
» pleurant et priant avec les seigneurs de la
» cour qui étaient de la compagnie.

» Etant arrivés à ladite abbaye, ils mirent le
» corps du roi et l'inhumèrent fort honorable-
» ment au même lieu où l'on voit encore son
» tombeau relevé de bosse, et porté par quatre
» lions rampants ou acculés, en pierre d'Apre-
» mont. » (*Ancienne chronique.*)

Ce tombeau après avoir été renversé, et avoir subi quelques légères dégradations en 1793, fut rétabli dans le chœur et restauré en 1830, par M. Romagnési.

Voici ce qu'en dit Montfaucon dans ses *Antiquités françaises :*

« Nous n'avons d'autre figure de Philippe Ier
» que son tombeau de Saint-Benoît-sur-Loire.

» Ce tombeau a 6 pieds 9 pouces de long et
» est d'une seule pièce, hormis les lions qui le
» soutiennent. La couronne est ornée de trèfles
» et de fleurs de lis qui sont présentement
» cassés. Ce qu'il a de singulier, c'est que
» Philippe étendu sur son tombeau tient un
» gant. Ce gant était pour la main qui soute-
» nait l'épervier que les princes et les seigneurs
» se faisaient un honneur de porter en ces
» temps-là. »

Les cendres de Philippe Ier furent toujours respectées. Son corps n'est pas précisément sous la pierre sépulcrale, mais sous une dalle noire au bas des marches du sanctuaire. On en fit l'exhumation en 1830.

« Le roi est placé à découvert dans un cer-
» cueil qui paraît être de chêne... il est posé
» la tête un peu élevée, ... regardant l'autel,
» ... il paraît être d'une haute stature... Le
» cercueil de chêne est renfermé dans des
» pierres d'Apremont... On distingue tous
» les membres et leur forme... à la mâchoire
» supérieure, les dents blanches comme de
» l'ivoire sont dans leurs alvéoles... le tout
» en conservant ses formes s'était affaissé et

» couvert d'une croûte que du linge et des
» bandelettes embaumées avaient formée....
» Les bandelettes qui par circonvolution enve-
» loppent tout le corps... sont tissues de soie à
» fleurs et feuilles courantes... On n'a aperçu
» aucun insigne, ni vêtement royal ou reli-
» gieux, etc. » (*Procès-Verbal*, 16 juillet 1830.)

Plusieurs événements signalés illustrèrent le règne de Philippe Ier : l'Angleterre conquise par l'un des grands vassaux de la couronne, Guillaume, duc de Normandie ; la première croisade entreprise et exécutée avec autant de succès que de valeur par Godefroi de Bouillon ; la Terre-Sainte enlevée aux infidèles, un royaume chrétien érigé à Jérusalem. Mais Philippe ne concourut point à ces exploits, la gloire toute entière en revint à la noblesse et à la nation française, qui acquirent en Orient une célébrité que huit siècles écoulés n'ont pas encore obscurcie.

§ 6. LES TRANSEPTS.

La basilique de Saint-Benoît a la forme d'une croix latine. Arrivé sous la coupole, au

2***

tombeau de Philippe Ier, le visiteur a, à sa droite et à sa gauche, deux vastes *transepts* terminés l'un et l'autre par deux grandes fenêtres. Deux fenêtres un peu moins grandes que celle du fond, sont percées dans les murs latéraux. Les voûtes sont sans nervures ni pierres apparentes. Dans le mur oriental de ces transepts, s'enfoncent deux chapelles de chaque côté. Le style des colonnes qui s'élèvent à l'entrée de ces chapelles dont elles soutiennent l'arcade plein cintre est, comme celui du sanctuaire, romano-byzantin.

Dom Jandot dit que l'abbé Simon fit continuer les travaux de l'église, surtout ceux des transepts en 1106.

La première des chapelles des transepts en commençant par le septentrion, est consacrée à sainte Scholastique, sœur de saint Benoît (Note 14).

Les deux chapiteaux des colonnes offrent deux scènes d'époques bien différentes, mais rapprochées avec intention. Le premier, celui de gauche, représente saint Benoît délivrant miraculeusement un pauvre paysan enchaîné par un méchant seigneur (Note 11). Celui de

droite reproduit Daniel dans la fosse aux lions
et miraculeusement préservé de leur voracité;
le prophète Habacub porté par un ange, et
Nabuchodonosor complètent cette scène.

A la chapelle de la Sainte-Vierge, le chapiteau de droite n'a pas encore reçu d'explication
plausible.

Dans ce transept, une grosse tête informe,
à longues oreilles est incrustée dans le mur
occidental, c'est *l'effigie de la face de Raynaldus
le normand, barbare que saint Benoît frappa de
mort,* dit un ancien historien de l'abbaye.

Dans le transept méridional, il n'y a de
remarquable que la chapelle de Saint-Benoît,
dont la décoration faite au dernier siècle par
des peintres italiens est en parfait désaccord
avec le style de l'édifice. Le tableau de cette
chapelle représentant une extase de saint
Benoît est bien traité. Dans une niche à grille
de fer très-ornée, une petite châsse dont le
socle est garni d'ornements en argent doré,
renferme une portion de la tête de saint Benoît.
Cette châsse est portée en procession au hameau
de Sainte-Scholastique, dans les temps de
sécheresse extrême.

Dans le même transept, trois grands tableaux de l'ancien réfectoire reproduisent grossièrement trois scènes de la vie de saint Benoît: le saint faisant sortir de l'eau d'une roche (Note 5); le saint nourri dans sa solitude par un prêtre du voisinage (Note 3) ; le saint découvrant la supercherie de Totila, roi des Goths (Note 8). On remarque dans ces tableaux, un corbeau auprès de saint Benoît (Note 12).

§ 7. LE DOME ET LE CLOCHER.

Au point d'intersection des transepts, s'élève un gracieux dôme dont les pendentifs sont supportés par quatre piliers à colonnes à demi engagées comme dans la nef. Ce dôme est surmonté à l'extérieur par une tour carrée du même style et à deux étages, dont le plus élevé seulement est à jour. A chaque étage, quatre baies plein cintre avec colonnes offrent sur toutes les faces un ensemble parfaitement régulier. L'appareil est entremêlé de pierres blanches et noires, ainsi que les claveaux de l'arcature des baies. Cette tour était autrefois terminée par un clocher en plomb, que la foudre renversa en 1515. Jacques Le Ber, *custodi nos* ou prête-nom de Maximilien de Béthune, duc de Sully, abbé commendataire de Saint-Benoît, quoique protestant, fit relever cette flèche: malheureusement, le mauvais goût et la parcimonie présidèrent à cette restauration.

§ 8. LE SANCTUAIRE.

Construit à la même époque que le péristyle, le sanctuaire est de même style que les autres portions de l'église, mais il a un aspect d'antiquité plus frappant: cependant il n'y a pas un siècle de différence dans les constructions. Le sanctuaire est de 1026, le reste de 1106.

Les seize colonnes qui l'environnent, et dont le massif du retable vient interrompre l'harmonie, devaient être d'un effet magnifique, lorsque l'on apercevait par l'entre-colonnement les chapelles de l'abside. Les chapiteaux des grandes colonnes qui supportent les arcs doubleaux de la voûte, et ceux des colonnes des arceaux inférieurs doivent être remarqués. Les chapiteaux du bas reproduisent la chute d'Adam et

d'Eve, le sacrifice d'Abraham, la Visitation.
Tous ces chapiteaux sont à droite. Pour les
chapiteaux supérieurs, il faut commencer par
celui du grand pilier à gauche, à l'angle du
croisillon. Il offre une scène de la vie de saint
Benoît. Le saint met en fuite un démon qui en
se plaçant sous une grosse pierre, empêchait
les ouvriers du Mont-Cassin de terminer un
mur commencé (Note 10). Au fond du sanctuaire, toujours à gauche, saint Benoît répare
miraculeusement un vase brisé (Note 1). Le
suivant réprésente saint Placide sauvé des eaux
par saint Maur (Note 6). A droite, au fond,
saint Benoît ressuscite un petit enfant mort
déposé à la porte du monastère du Mont-
Cassin (Note 9). Le suivant reproduit la scène
de Totila devant saint Benoît (Note 8). Les
petits chapiteaux de la gracieuse galerie byzan-
tine qui décore le sanctuaire, ne sont que des
sculptures de fantaisie ; il est plus que probable que tous les chapiteaux de l'église repro-
duisaient les miracles de saint Benoît à la partie
supérieure, et toutes les vicissitudes de sa vie
si éprouvée aux colonnes des arcades infé-
rieures. Le temps et les restaurations successives

ont décomplété cette intéressante série de faits édifiants et instructifs.

§ 9. LA MOSAIQUE.

On monte au sanctuaire par des marches distancées par trois paliers à plan incliné ; chacun de ces paliers est recouvert d'une riche mosaïque en marbres que le cardinal Duprat fit venir d'Italie. Son but était de se concilier l'affection des religieux profondément irrités de sa nomination. Ce travail, évidemment d'une époque de transition, est plutôt le chef-d'œuvre d'un ouvrier habile et patient, que celui d'un artiste de génie : c'est un beau dallage en marbre, jaspe et porphyre, plutôt qu'une mosaïque savamment dessinée. Aucune idée ne se traduit dans cette réunion de figures géométriques.

§ 10. ANCIENNE INSCRIPTION DE LA CHASSE DE SAINT BENOIT.

A la même époque, Duprat avait fait élever une arcade en pierre d'Apremont semée de fleurs de lis avec ses armoiries; la châsse de saint Benoît était placée sous cette arcade dont il ne reste qu'une plaque en marbre noir, alors incrustée dans un piédestal. On la voit maintenant dans le sanctuaire à droite; en voici l'inscription :

ANNO . DNI . 660 . S. IDVS . JVLII . REGNANTE CLODOVOEO . DAGOBERTI . FILIO . CORPVS . S. BENEDICTI . PER B. AIGVLPHVM . MONACHVM . E. CASINENSI . MONTE . IN . HOC . FLORIACENSE . MONASTERIO . TRANSLATV . EST . ABBATE . S. MVMMVLO.

« L'an du Seigneur 660, le 5 des ides de » juillet, sous le règne de Clovis, fils de Dago-» bert, le corps de saint Benoît a été transporté » par le B. moine Aigulphe du Mont-Cassin, » dans ce monastère de Fleury. »

§ 11. LE RETABLE DU GRAND AUTEL.

L'arcade du cardinal Duprat démolie en 1642, fit place en 1661 au retable actuel, orné avec une certaine profusion de colonnes corinthiennes en marbre, de guirlandes de pierre fouillées artistement, d'anges aux formes exubérantes, et de vases de fleurs. Le premier ordre d'architecture au milieu duquel s'ouvre la vaste

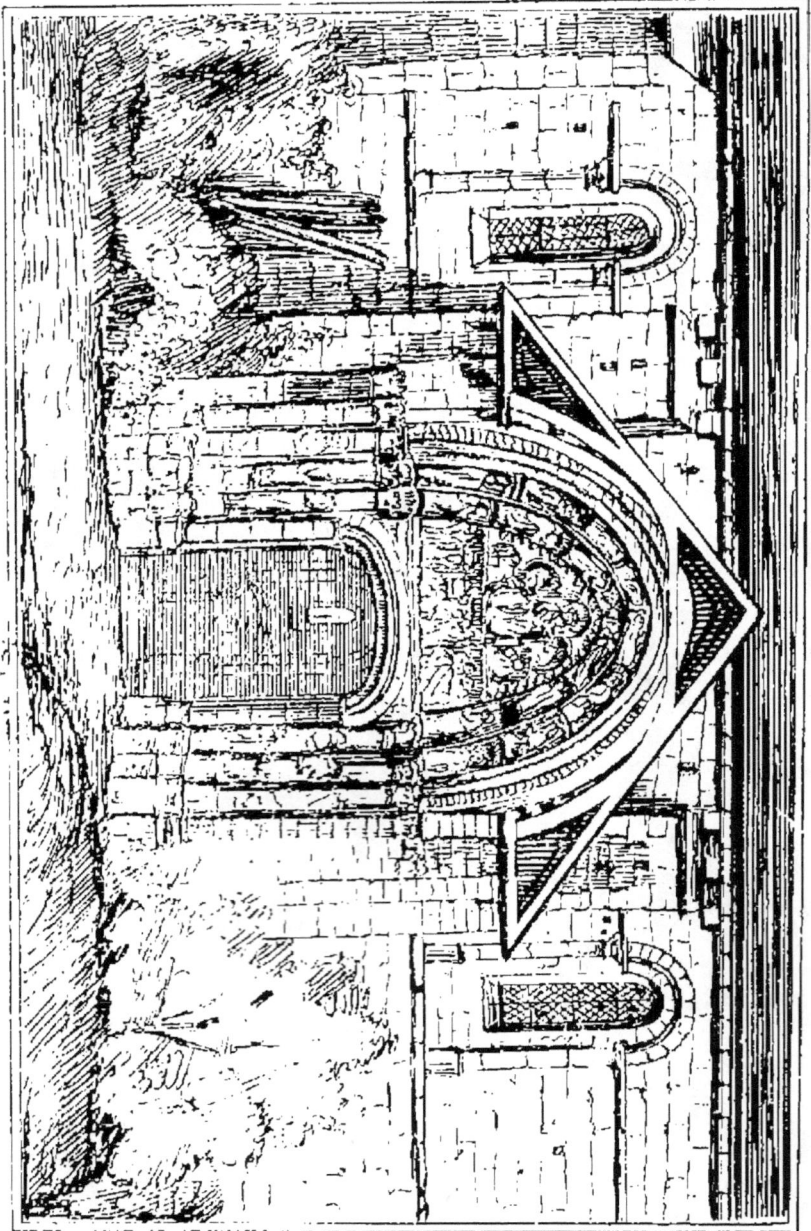

niche grillée où repose la principale châsse de saint Benoît, est surmonté d'un attique où apparaît la statue de la sainte Vierge tenant l'enfant Jésus. Cette statue conservée en 1793 était accompagnée avant cette époque à droite et à gauche, des statues de saint Pierre et de saint Paul. Les deux crèches de chaque côté de la châsse étaient occupées par saint Placide et par saint Maur, disciples de saint Benoît. Une sorte de vernis donne aux statues les apparences de la pierre polie ou du stuc. Une inscription en lettre d'or sur marbre noir domine toute cette riche ordonnance.

D. O. M.

B. Mariæ Virgini.

S. Benedicto

Au Dieu très-bon et très-grand.

A la bienheureuse Vierge Marie.

A saint Benoît.

§ 12. LES CHASSES.

La châsse où sont conservés les précieux restes de saint Benoît, en 1793, était une magnifique châsse d'argent doré pesant 250 marcs;

5

elle avait été faite en 1663. A une autre époque, les restes du saint patriarche furent renfermés dans un coffre de bois, après la sacrilége spoliation commandée par Odet de Coligny. La châsse détruite alors avait été faite en 1207, elle était formée de lammes d'or et de pierreries. Déjà au ixᵉ siècle, en 882, à l'invasion des Normands, elle était en or. Aujourd'hui, cette châsse précieuse est bien pauvre, mais la sainteté rayonne toujours sur ce tombeau, toujours il sera environné de la confiance des peuples, et le nom de saint Benoît se redira encore avec respect dans les générations les plus reculées : *La mémoire du juste est éternelle.*

Plusieurs autres châsses parfaitement authentiques placées à droite et à gauche dans le sanctuaire, offrent à la piété des fidèles les reliques de saint Sébastien, martyr ; de saint Denis, évêque de Paris et martyr ; de saint Maur et de ses compagnons, martyrs ; de saint Aigulphe, martyr ; de saint Placide, disciple de saint Benoît ; de saint Mommole, abbé de Fleury.

Le trésor des saintes reliques de l'église de Saint-Benoît se complète par une châsse qui contient un morceau du voile de la sainte Vierge; elle est exposée ordinairement dans sa chapelle. Le socle de cette châsse en ébène est garni de plaques d'argent très-artistement sculptées.

Deux grandes fêtes, avec procession des saintes reliques par la ville, ont lieu chaque année, le jour de l'Ascension et le premier dimanche de septembre. Il y a toujours grand concours de peuple.

§ 13. ARMOIRIES.

Dans le sanctuaire, au-dessus de deux portes simulées, sont sculptées les armoiries des Bénédictins de la congrégation de Saint-Maur. C'est le mot PAX au centre d'une couronne d'épines, avec trois larmes au-dessus, et un cœur en pointe.

Au côté opposé de ces fausses portes sont reproduites les armoiries particulières de l'abbaye que l'on retrouve encore au-dessus de la boiserie de la sacristie.

§ 14. CHAPELLES DE L'ABSIDE.

De chaque côté du sanctuaire, des marches en pierre espacées par deux paliers conduisent dans le *deambulatorium* ou nef circulaire, sur laquelle s'ouvre les quatre chapelles de l'abside. Elles sont de même style et de même époque que le sanctuaire, sauf quelques restaurations du XVIIe et XVIIIe siècle, et principalement une fenêtre de l'ancienne chapelle de Saint-Michel, qu'aux circonvolutions de son ordonnance flamboyante, on reconnaît être du XV au XVIe siècle.

La première chapelle au nord était dédiée à saint Frogent, celle du midi à saint Michel. Au dessus de ces deux chapelles s'élevaient deux tours qui ont été abaissées au-dessous de la hauteur du grand comble. Au premier étage sont des chambres avec ouverture sur le sanctuaire, elles étaient sans doute destinées aux religieux qui faisaient une retraite particulière et aux étrangers.

§ 15. SCULPTURES MODERNES.

Derrière le sanctuaire au-dessus des portes
bouchées, de chaque côté du retable, il faut
remarquer deux sculptures du xvııᵉ siècle,
l'une bien conservée représente Melchisedech
venant au-devant d'Abraham pour lui offrir le
pain et le vin; l'autre très-dégradée représente
les Israélites recueillant la manne au désert :
ce sont deux figures emblématiques de la
divine eucharistie.

Une sculpture en pierre d'une époque un
peu plus reculée et qui faisait ornement dans
le jubé détruit en 1563, forme imposte au-
dessus de la porte du nord, actuellement
bouchée, dans la basse nef. Elle représente la
Cène. Il faudra la voir au retour. Un tableau
de bois doré représentant les disciples d'Em-
maüs, derrière le tabernacle du grand autel,
mérite aussi d'être remarqué.

§ 16. LA SACRISTIE.

Avant de descendre de l'abside, on peut
visiter la sacristie. On ne connait pas pré-

cisément l'époque de ce bâtiment élevé en dehors du plan primitif, mais d'un style qui s'harmonise parfaitement avec le reste de l'église, c'était l'ancienne librairie de l'abbaye. Les boiseries sont de la fin du xviie siècle, elles ont été sculptées par des ouvriers orléanais, ainsi que la belle balustrade servant d'appui de communion au bas du sanctuaire.

En descendant de l'abside pour aller visiter la crypte, la perspective des basses nefs longues, étroites et sombres a quelque chose de vraiment remarquable. A chaque pas, on découvre des horizons successifs, et le regard plonge dans toutes les grandes divisions de la basilique.

§ 17. LA CRYPTE.

L'usage d'établir des cryptes ou chapelles souterraines sous le chœur, et surtout sous le sanctuaire, dans les basiliques, est de la plus haute antiquité.

Beaucoup d'hommes instruits en visitant la crypte de Saint-Benoît y avaient reconnu le style roman, et assignaient volontiers le

vii° siècle comme l'origine de sa construction ;
toutefois, cette opinion ne fut pas celle des
membres du *Congrès scientifique* en 1851, et en
particulier de M. de Caumont si compétent en
pareille matière. On fut généralement d'ac-
cord à fixer le xi° siècle comme l'époque de
cette construction romano-byzantine.

Au centre de la crypte est la confession ou
martyrium, vers laquelle convergent tous les arceaux des voûtes et autour de laquelle rayon-
nent cinq chapelles placées perpendiculaire-
ment sous les chapelles supérieures ; c'est dans
cette confession qu'était déposé le corps de saint
Benoît. La chapelle du fond est évidemment
postérieure aux autres ; elle fut destinée au
xiii° siècle à recevoir l'autel matutinal, après
qu'on eût transféré le corps de saint Benoît
dans le sanctuaire. Les religieux cessèrent de
dire l'office de matines dans la crypte, en
1639, et tous les autels en furent enlevés à
cause de l'humidité que l'amoncellement des
terres et les nombreuses constructions de
l'abbaye entretenaient dans ces lieux. Déjà en
1633, le cardinal de Richelieu avait fait
boucher les deux portes par lesquelles, des

puissance, est parfaitement conservé ; il occupe la partie la plus élevée du tympan ; les quatre évangélistes, assis dans l'attitude et avec les attributs qui conviennent à chacun d'eux, l'environnent ; sous les pieds du Christ se développe une scène représentant l'arrivée des reliques de saint Benoît à Fleury (Note 13) ; cet ensemble est encadré par une série de statuettes d'anges portant des chandeliers et des encensoirs, une autre série de personnages superposés représentant dix apôtres, forme un second encadrement ; trois moulures différentes, gracieusement dessinées et parfaitement fouillées, terminent la voussure. A la pointe de l'ogive, immédiatement au-dessus de la tête du Christ, apparaît un groupe de têtes d'anges au nombre de huit, ce sont les huit Béatitudes. Quelques restes d'or, d'azur, de sinople et de vermillon témoignent encore de l'époque où cette porte fut construite. On ne peut avoir de doute à cet égard.

V.

Inscriptions tumulaires.

Il ne reste dans l'église supérieure qu'une seule épitaphe, celle de Jérôme Dufaur de Pibrac, docteur en Sorbonne, doyen de l'église de Bayeux, abbé commendataire de Saint-Benoît et de Saint-Mesmin de Mici, mort en 1733. Il était de la famille du célèbre Dufaur de Pibrac, chancelier de Marie de Médicis et auteur des quatrains de la *Civilité française*.

En dehors de l'église, proche de l'ancien cloître, au sud, on lit encore quelques inscriptions gravées sur des pierres sépulcrales d'une époque très-reculée.

Au sud de l'église, dans l'angle rentrant formé par le mur de la basse nef et le mur occidental du transept nouvellement reconstruit, on peut lire encore quelques inscriptions grossièrement gravées sur des pierres tendres incrustées dans l'appareil du mur. Une des plus lisibles est celle de l'abbé Vrain mort en 1070.

Elle est en lettres onciales et enchevrêtées
l'une dans l'autre :

IN : XRO : VIVAS : IN : PACE :

VERANE : RESVRGAS :

« Vrain, ta vie a été conforme à celle du
» Christ, tu ressusciteras en paix. »

L'épitaphe de l'abbé Joscerand placée autrefois dans le mur occidental du transept sud, se
voit encore dans la crypte. Cet abbé fut té-
moin de l'incendie qui consuma une grande
partie de la ville de Saint-Benoît, en 1095.

Nomen, forma, sinus, lux sermo, scientia, virtus,
In Joscerando, Christe, fuere tuo.
Ipse tibi vixit, tua pastor, ovilia rexit,
Dignus pro meritis solvere vincta gregis.
Quis, vel quid fuerit? Romano claruit orbi,
Quâre fuscato non eget eloquio.
Idus septenas aprilis, apricè tenebros
Cum subiit celsi, dindima celsa poli.

« Nom, amabilité, bonté, esprit, éloquence,
» science, vertu, tels furent les dons de ton
» serviteur Joscerand, ô Christ! Il vécut pour
» ta gloire, fut le pasteur de tes brebis. Quel
» fut son mérite? Quelles furent ses œuvres?
» Il brilla au sein de l'univers catholique, sa re-

» nommée fait son éloge. On était au septième
» jour, des ides d'avril quand son âme s'éleva
» dans les cieux. »

Sur une pierre placée dans un contrefort, on
déchiffre difficilement ce commencement de
l'épitaphe d'un simple religieux nommé Nesgau.

In mundo ms. dn. Nesgau
Sed pius et sapiens, purus
Sobrius et castus, sprevisti gaudia
Mundi... delicias sacras
Quæ susperasti.....
Cui servasti..... itas

« Moine du Seigneur, ô Nesgau, dans le
» monde tu as vécu pur, sage, pieux, sobre
» et chaste, tu as méprisé les délices du monde.
» Les délices sacrés vers lesquelles tu as sou-
» piré sont à toi ; tu possèdes pour l'éternité
» le Dieu que tu as servi. »

A côté de l'épitaphe de Nesgau, vers l'ouest,
on trouve celle de l'abbé Hélie :

Resta, ne fugias, lege, lector, quis sit Helius.
Nobilis et patriæ, clarus et Ecclesiæ.
Ego precum dignus similis vice conditionis,
Ut mercede Dei subveniatur ei.

« Demeure, ne fuis pas, lis, si tu sais lire,
» ce que fut Hélie.

» Issu d'une noble famille, il brilla dans
» l'Eglise.

» Il mérite tes prières ; que Dieu lui accorde
» récompense. »

Un peu plus loin c'est l'épitaphe d'un moine
poëte :

Hic situs es carus Vrebo, verusque monachus,
Versus nativos, proh dolor! in cineres
Et tamen æternant tua carmina, vivis in illis;
Nescit post obitum nomen obire tuum.

» C'est ici que tu reposes, cher Vrebo, saint
» religieux, tu es rentré dans la poussière d'où
» tu étais sorti, ô douleur! mais tes vers éter-
» nisent ta mémoire, tu vis en eux ; tu meurs,
» mais ton nom est immortel. »

Cette épitaphe n'a pas été une prophétie.
Les vers et le nom du poëte Vrebo sont parfaitement inconnus.

VI.

Reliquaire antique et chapelet précieux.

La fabrique de Saint - Benoît possède
deux objets d'une haute curiosité. Un cha-

pelet très-riche et un reliquaire fort ancien.

Le *reliquaire* est un petit coffre recouvert d'une feuille de cuivre mince, sur laquelle un artiste bien peu habile a gravé ou plutôt repoussé avec un mauvais instrument, les figures en pied des apôtres sur une face, et sur l'autre cette inscription, autour d'un semis de rosaces variées :

MVMMOLVS ME FIERI JVSSIT IN HONOREM B. MARIÆ ET B. PETRI.

« Mommole m'a fait faire en l'honneur de la bienheureuse Vierge Marie et du bienheureux saint Pierre. »

Saint Mommole vivait en 660. Ce serait donc un reliquaire du VIIᵉ siècle.

Le *chapelet* est d'une époque bien plus récente; il a dû être confectionné au XVIIᵉ siècle.

Un prieur de Saint-Benoît, D. Matthieu Gilbert, fut un des plus fidèles conseillers de Mᵐᵉ de Montespan pendant le temps de sa faveur, et son consolateur au jour de la disgrâce. Elle lui fit don d'un riche chapelet estimé 400 écus. « Les grains, dit D. Martène, » sont de bois odorant, les *Pater* d'or ac- » compagnés de médailles d'or et d'argent dont

» l'ouvrage surpasse la matière, et d'une mi-
» niature admirablement belle. »

Ce chapelet a été autrefois tellement ambré
qu'il a conservé cette odeur.

VII.

Ancienne bibliothèque de l'abbaye.

Une des principales richesses de l'abbaye de
Saint-Benoît, le monument qui contribua le
plus à sa réputation littéraire, était sa bibliothèque.

Le nombre et la valeur de ses manuscrits la
rendit vraiment remarquable. Les religieux
connus sous le nom d'*antiquarii scribentes*:
copistes des choses antiques, multiplièrent les
ouvrages les plus précieux pour la religion
comme pour la littérature. Ils étaient d'ailleurs
puissamment aidés par les élèves des écoles
des monastères, car chacun devait transcrire
deux manuscrits par an.

En 1146, l'abbé Mathaire imposa une taxe
générale à prélever pour l'entretien de la
bibliothèque.

Ce beau monument littéraire ne fut pas respecté par les calvinistes, à cette époque désastreuse, où plus de trois cents églises furent dévastées et incendiées par eux, dans l'Orléanais.

Des manuscrits précieux furent jetés au vent et auraient été détruits jusqu'au dernier, sans l'intervention de Pierre Daniel, avocat à Orléans, et bailli de Saint-Benoît. Il en racheta un certain nombre des mains des soldats. On cite, entre autres, des manuscrits de Phèdre, Justin, deux pièces de Plaute, plusieurs écrits des Pères de l'Eglise.

A la mort de Pierre Daniel, les restes de la bibliothèque de Fleury se subdivisèrent. Christine, reine de Suède, en acheta une partie qui fut transportée à Stockholm, l'autre devenue la possession de Frédéric, prince palatin, passa à Heidelberg d'abord, et plus tard à Rome, dans la bibliothèque du Vatican.

La bibliothèque publique d'Orléans possède quelques beaux manuscrits de Saint-Benoît.

L'un des plus rares est encore conservé dans la châsse de saint Benoît.

VIII.

Anciennes écoles de Saint-Benoît.

C'est à l'abri du cloître que la France vit, au moyen âge, se développer le germe des sciences et des arts qui font aujourd'hui son illustration. Studieux et savants, au sein même de la barbarie des temps primitifs de la monarchie, les moines, et spécialement ceux de Saint-Benoît, sauvèrent la littérature et la science d'un naufrage imminent.

L'établissement des écoles si célèbres de Saint-Benoît remonte à l'origine même de cette abbaye, qui partagea longtemps avec l'abbaye de Saint-Mesmin de Mici, près Orléans, l'honneur de donner à l'Europe des savants illustres et de saints personnages.

Au ixe siècle, en 818, Louis le Débonnaire fonda à Saint-Benoît, un collége pour les jeunes enfants de la noblesse, *collegium vel seminarum in portâ*. Trente ans plus tard, Charles le Chauve confirmait les priviléges accordés à cette utile fondation.

Vers la fin du xe siècle, les écoles de Fleury

étaient si florissantes, qu'au témoignage de **Papire Masson**, elles réunissaient de cinq à six mille élèves.

Au xiiie siècle (1249), l'abbé Jean, pour relever les études du collège de l'abbaye, voulut que dix religieux du monastère fussent envoyés aux écoles les plus renommées du royaume, et assigna des revenus pour la subsistance de ces étudiants destinés à devenir plus tard maîtres des écoles.

Au xviie siècle (1658), il y eut encore des nominations à diverses chaires; mais Pont-Levoy était déjà en réputation, tandis qu'à Fleury, les élèves séculiers étaient très-peu nombreux.

Le nom des hommes les plus célèbres dont le souvenir se rattache aux écoles de Fleury sont ceux de Théodulphe, au ixe siècle; d'Abbon, d'Odon, de Gerbert (Sylvestre II), au xe; de Hugues de Fleury, d'Aimoin, de Helgauld, au xie; de l'abbé Jean, au xiiie; et de Philippe des Vignes, au xviie.

Il faut ajouter à ces noms célèbres celui de Constantin, maître des écoles de Fleury, au même siècle que Gerbert.

Gerbert, qui de simple moine de Saint-

Benoît, devint écolâtre de l'université de Reims, puis successivement archevêque de Reims, de Ravenne, et souverain pontife sous le nom de Sylvestre II, était un homme d'un vaste savoir. C'est à lui que l'on attribue l'invention de l'horloge d'eau ou clepsydre, et l'introduction des chiffres arabes dans les calculs mathématiques. Gerbert fut le premier pape français.

Les bâtiments qu'occupaient ces écoles célèbres étaient en dehors de l'abbaye, et s'étendaient sur une vaste superficie de terrain, au nord de la ville. On ne sait pas précisément quand le collége de Saint-Benoît fut réuni à l'abbaye, et devint une sorte de séminaire.

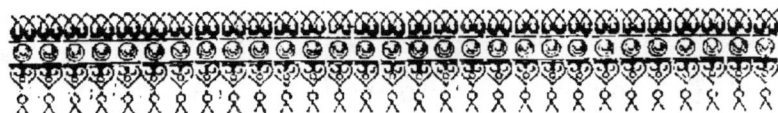

Ville de Saint-Benoît.

Quelques pauvres masures groupées autour du monastère élevé sur l'emplacement de l'antique château de Jean Albon, seigneur de Fleury: telle fut l'origine du bourg primitif de Saint-Benoît, au VIIe siècle. La prospérité de l'abbaye lui donna plus tard une importance réelle, et François Ier, en 1542, lui concéda le titre de ville. L'église paroissiale était en dehors des murs, au hameau de Fleury, mais plusieurs églises et chapelles, indépendamment de celle de l'abbaye, avaient été construites dans l'intérieur de la ville, pour faciliter aux habitants l'accomplissement de leurs devoirs religieux.

Cinq portes avec tourelles, des fossés et des murs défendaient, sous François I⁺ʳ, cette petite ville des incursions de l'ennemi. Ces fortifications n'existent plus. Le nombre des habitants de la commune de Saint-Benoît n'est plus que de 1650 ; quelques auteurs prétendent qu'au moyen âge il était de 18,000. Privée du beau monument qui fait sa gloire, la commune de Saint-Benoît resterait ignorée ; aussi les habitants ont-ils fait tous leurs efforts pour s'opposer à sa destruction, lors de la funeste époque de 1793, et depuis que cette vaste et belle église est devenue leur possession, ils se sont imposés pour l'entretenir de lourds sacrifices : près de 10,000 francs en 15 ans (de 1809 à 1824). Toutefois, leur bonne volonté et tous leurs efforts généreux eussent été impuissants à sauver l'antique basilique d'une ruine certaine, si le gouvernement ne l'eut adoptée comme monument historique. Les subventions votées par la commune et le conseil général du département, les secours accordés par le gouvernement, et la bonne direction des travaux (*)

(*) Les sommes dépensées à Saint-Benoît depuis 1835 s'élèvent à un total de 96,107 francs.

ont conservé à la religion et à la science, cette
église si intéressante par les souvenirs qui s'y
rattachent, si remarquable au point de vue archéologique.

I.

Anciennes églises.

Dans l'intérieur de la ville s'élevaient autrefois plusieurs chapelles, dont il reste à peine
quelques ruines.

La chapelle de Saint-André, détruite en
1700, était à l'ouest de la grande place; et à l'est
celle de Saint-Denis, rebâtie en 1095 à la suite
d'un incendie qui consuma une grande partie
de la ville. Cette chapelle servait aux élèves du
collège, d'après un manuscrit du xviie siècle.
Une église dédiée à la très-sainte Vierge sous le
vocable de son Immaculée Conception, et
consacrée primitivement à saint Lazare, s'élevait tout près du mur d'enceinte de l'abbaye
au nord-ouest, elle fut abbatue en 1682. Dans
le faubourg de Saint-Clément, à l'ouest de la

ville, on retrouve encore la petite chapelle de Saint-Loup, construite en 1700, sur les ruines d'une chapelle très-ancienne.

Aux environs de la ville, à 3 kil., dans un hameau appelé autrefois *Villa Nova*, Villeneuve, une simple croix remplace l'église et le monastère de Sainte-Scholastique. L'église fut démolie après la révolution de 1793.

II.

Hospice.

L'hospice de Saint-Benoît fut fondé en 818, par Louis le Débonnaire. Les pauvres malades de la localité jouissent encore du bénéfice de cette fondation qui a traversé dix siècles.

Cet hospice est au nord de la grande place; le sanctuaire de la chapelle qui sert d'oratoire est d'une certaine antiquité. Du reste, si une visite à l'Hôtel-Dieu n'était pas d'un grand intérêt sous le rapport de l'archéologie, elle en aurait un au point de vue moral, car on est assuré d'y rencontrer de pieuses sœurs de cha-

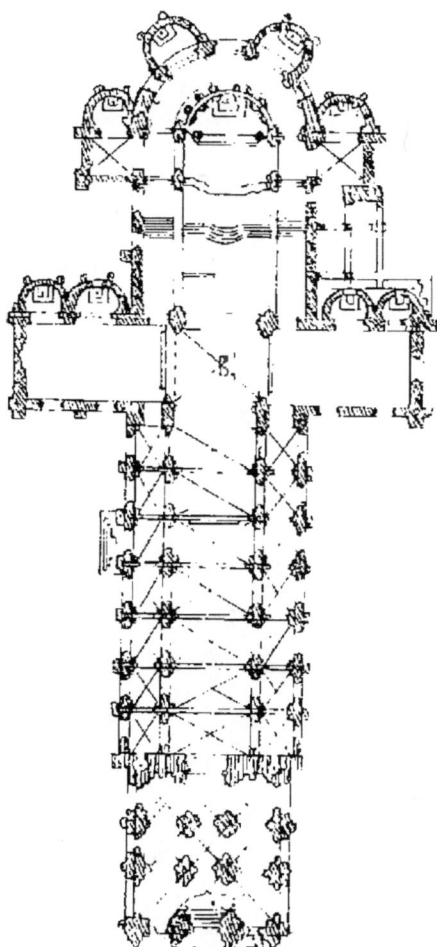

Saint-Benoit-sur-Loire.

Plan Géométral de l'Église.

Publié par Alph. Galineau à Orléans

rité qui donnent occasion de faire une bonne action, en réclamant quelques secours pour les pauvres, plus nombreux à Saint-Benoît que partout ailleurs.

III.

Maladrerie.

A la suite des croisades, on éleva au milieu de la plaine, à l'ouest et à 3 kil. de Saint-Benoît, un hôpital pour les lépreux devenus très-nombreux en France. Cette léproserie était desservie par des religieux venus de Narbonne, ce qui avait fait donner à la chapelle de la maladrerie, consacrée d'ailleurs sous le vocable de saint Clair, le nom de chapelle de Narbonne. Il n'existe plus là **qu'**une ferme du domaine de l'hospice.

IV.

Salle de l'ancienne université.

On voit encore, sur la grande place de la ville, un pignon, dernière ruine des édifices de l'uni-

5**

versité. Ce pignon offre à sa partie supérieure
les restes d'une belle fenêtre ogivale dans le
style orné du xiii° siècle. Ce devait être plutôt
une salle, destinée aux grandes réunions ou aux
classes, qu'une chapelle, car les élèves du
collége avaient à leur usage la chapelle Saint-
Denis, élevée dans le voisinage, et surtout la
nef ou les transepts de la basilique, dont le
chœur seulement était réservé aux religieux.

Chroniques de la vie de saint Benoît.

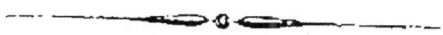

Saint Grégoire le Grand, dans ses *Dialogues*, cite beaucoup de miracles opérés par saint Benoît ; il est indispensable de rappeler ici plusieurs des faits racontés par ce savant et judicieux pontife, soit pour compléter l'aperçu de la vie de saint Benoît, soit pour donner une explication des chapiteaux de la nef et du sanctuaire.

(NOTE 1.)

Premier miracle de saint Benoît.

(Chapiteau du sanctuaire, à gauche.)

Fuyant Rome et ses dangers, saint Benoît avait pris le chemin du désert. Arrivé au bourg d'Afile avec sa nourrice qui l'avait suivi, il consentit à rester quelques jours avec cette pieuse femme qu'il ne devait plus revoir. Tandis qu'assis sous le portique de l'église, il entretenait les bons habitants du pays avides de l'entendre, elle, afin de préparer quelques pains pour le saint voyageur, avait emprunté un vase à cribler le froment; ce vase était fragile et la pauvre femme, trop empressée dans son travail, le laissa tomber d'une table sur lequel elle l'avait déposé. Il est brisé; alors de pleurer et de se lamenter : Benoît essaie en vain de la consoler. Touché de sa douleur, il se jette à genoux, prie avec ferveur, puis ramassant le vase dont les morceaux s'étaient miraculeusement rapprochés, *Con-solez-vous, ma mère, vous pourrez rendre ce vase à qui il appartient.*

Ce crible de terre cuite miraculeusement ré-

paré demeura longtemps suspendu sous le
porche de l'église d'Afile.

(Note 2.)

Le démon cherche à décourager saint Benoît
en le prenant par la famine.

(Chapiteau de la nef, à droite.)

Un saint moine du voisinage de Sublac qui
avait découvert Benoît dans sa solitude et lui
avait donné l'habit religieux, venait de temps
à autre lui apporter un peu du pain qu'il re-
tranchait sur son ordinaire. Romain, c'était
le nom du moine charitable, avait suspendu
une petite clochette au haut des rochers qui
dominaient la grotte profonde du jeune ana-
chorète, afin de l'avertir. Le démon la cassa
d'un coup de pierre. Romain tirait en vain
cette clochette désormais muette; Benoît que
rien n'avertissait, ne venait plus chercher son
pain suspendu à une longue corde, et il serait
mort de faim au fond de sa grotte, si Dieu
n'eut miraculeusement averti un saint prêtre
de la contrée.

5***

(Note 3.)

Un prêtre des environs de Sublac porte de la nourriture à saint Benoît.

(Tableau de l'ancien réfectoire.)

« *Tu te prépares des délices et mon serviteur* » *est tourmenté de la faim dans le désert.* » Cette parole retentissait aux oreilles d'un prêtre des environs de Sublac qui s'était endormi tranquille la veille de Pâques, après avoir préparé son repas du lendemain. Le bon prêtre se lève et se met en marche avec un jeune garçon chargé de provisions... Après avoir longtemps marché à travers les précipices, il trouve Benoît dans sa grotte, lui donne le saint baiser, prie avec lui, puis: *Levez-vous,* dit-il, *prenons un peu de nourriture puisque nous avons Pâques aujourd'hui.* Après le repas et quelques pieux entretiens le prêtre retourna à son église.

(Note 4.)

Le démon cherche à surprendre la vertu de saint Benoît.

(Chapiteau de la nef, à gauche.)

Jaloux de la pureté de l'angélique solitaire de Sublac, le démon se présenta à lui sous les traits d'une créature séductrice ; mais pour détourner sa pensée de cette dangereuse image, Benoît se précipita aussitôt dans un buisson d'épines. Cet acte de mortification héroïque lui assura la victoire.

(Note 5.)

Saint Benoît fait jaillir une source d'un rocher.

(Ancien tableau du réfectoire.)

Lorsque la réputation de sainteté de Benoît fut répandue au loin, de nombreux disciples vinrent se mettre sous sa conduite. Il fallut construire des monastères ; trois étaient au sommet d'une montagne et c'était un grand travail pour les moines de descendre au lac pour puiser de l'eau. Ils se plaignent à l'homme de Dieu qui les console et les renvoie. La même nuit, accompagné du jeune Placide, son disciple, il gravit la montagne, se met en oraison et place trois pierres à l'endroit où il s'était agenouillé. Quand les religieux reviennent se plaindre de nouveau : *Allez*, leur dit-il, *et creusez un peu la roche au lieu où vous trouverez trois pierres... Dieu est tout-puissant pour vous consoler....* Les religieux obéissent et un ruisseau sort du rocher.

(NOTE 6.)

Saint Placide sauvé des eaux.

(Chapiteau du sanctuaire, à gauche.)

Le jeune Placide qui avait accompagné saint Benoît sur le sommet de la montagne aride, était le condisciple d'un autre jeune enfant nommé Maur. Ils étaient fils de deux chevaliers romains que la réputation de sainteté de Benoît avait frappé, et qui lui avaient confié l'éducation de leurs enfants. Un jour, Placide était descendu au lac pour puiser de l'eau. Le jeune enfant s'étant avancé imprudemment au-dessus de l'abîme pour resaisir le vase qui lui était échappé des mains, y tomba lui-même. Les flots l'emportèrent à un trait de flèche de la rive. Le saint était dans sa cellule; il appelle Maur: *Courrez, Placide est tombé dans le lac ;* l'enfant demande la bénédiction du saint, court avec précipitation jusqu'à l'endroit où son jeune ami avait été emporté. Les eaux du lac se sont affermies sous ses pas, il soulève Placide par les cheveux, le ramène au rivage, puis, frappé de ce qu'il vient de faire, il court le raconter à saint Benoît : *C'est votre obéissance, mon fils, qui a opéré ce miracle et non pas moi.*

(NOTE 7.)
Saint Benoît fait disparaître des flammes que le démon avait allumées.
(Chapiteau de la coupole, à droite.)

De Sublac, saint Benoît était allé s'établir au Mont-Cassin et avait construit un monastère sur les ruines d'un temple consacré aux idoles. En creusant le sol, les religieux avaient trouvé une petite statue, image d'une divinité païenne : ils la jettent au feu; mais le démon irrité fait apparaître subitement des flammes qui se répandent dans les cuisines du monastère. On court vers le saint père Benoît; il était en prière ; il ordonne à ses religieux de faire le signe de la croix sur leurs yeux : aussitôt ils cessent de voir ces flammes diaboliques.

(NOTE 8.)
Totila cherche à tromper saint Benoît.
(Tableau de l'ancien réfectoire.)

Au don des miracles, saint Benoît joignait celui des prophéties.

Lorsque les Goths occupaient l'Italie, leur
roi Totila voulant mettre la sainteté de Bénoît
à l'épreuve, se fit annoncer à lui. Le saint religieux lui permet d'entrer. Totila fait revêtir
de ses habits de prince, Rigo, un de ses archers.
Accompagné de trois seigneurs de la suite du
roi, le soldat déguisé se présente au monastère.
L'homme de Dieu était assis, quand il aperçut
tous ces personnages. Il s'écria de loin, en
s'adressant au faux Totila : *Mon fils, quittez ces
habits, ce ne sont pas les vôtres.*

Totila frappé de ce prodige, vint aussitôt.
Comme il n'approchait le saint qu'en tremblant et qu'il se tenait prosterné, Benoît le
relève avec bonté, lui donne de sévères et
utiles conseils, et lui prédit tout ce qui devait
lui arriver jusqu'à sa mort.

(NOTE 9.)
Saint Benoît ressuscite un petit enfant.
(Chapiteau du sanctuaire, à droite.)

Un pauvre villageois des environs du Mont-
Cassin avait perdu un tout jeune enfant, il
accourt au monastère, saint Benoît était
absent. Le père affligé dépose à la porte son

enfant mort. Quand l'homme de Dieu accompagné de ses religieux revint des champs où il travaillait avec eux, le villageois se prend à crier : *Rendez-moi mon fils, rendez-moi mon fils.* A cette voix, le saint religieux s'arrête : *Vous ai-je ravi votre fils ? — Il est mort, venez et ressuscitez-le. — Où est-il ? — Voilà son corps étendu à la porte du monastère.* Benoît se jette à genoux, puis levant ses mains vers le ciel : *Seigneur,* s'écrie-t-il, *ne regardez pas mes péchés, mais la foi de cet homme... il demande son enfant...* et le petit corps de l'enfant commença à frémir... Le saint pût le rendre vivant à son père....

(Note 10).

Saint Benoît chasse un démon.

(Chapiteau de la coupole, à gauche.)

Le démon persécutait de mille manières les religieux lorsqu'ils bâtissaient le monastère du Mont-Cassin. Un jour qu'ils élevaient une muraille, le démon placé sous une pierre l'empêchait de descendre sur les autres assises. On court trouver l'homme de Dieu qui fait le signe de la croix sur la pierre et le mur s'achève sans obstacle.

(Note 11.)

Saint Benoît délivre un villageois
enchaîné par un Goth.

(Chapiteau de la chapelle de Sainte-Scholastique.)

Durant le règne de Totila en Italie, un Goth
de nation nommé Galla , s'était emparé d'un
homme auquel il voulait ravir son trésor et le
torturait... C'est le saint père Benoît qui en est
dépositaire, s'écrie le patient pour avoir quelque répit. Alors Galla enchaîne le pauvre villageois et le conduit au monastère. L'homme
de Dieu assis à la porte de sa cellule lisait
attentivement... *Lève-toi, lève-toi,* lui crie avec
colère et insolence le Goth qui venait de
descendre du cheval derrière lequel il traînait
sa victime. Benoît lève les yeux, le regarde,
se tourne vers l'homme enchaîné, considère
avec tranquillité les liens dont il est chargé,
et les liens se brisent aussitôt. Galla épouvanté
tombe à terre tout tremblant. Le saint religieux
le reprend avec charité de ses excès, lui fait
donner l'hospitalité et le renvoie converti.

(Note 12.)

Le corbeau de saint Benoît.

Très-souvent en représentant saint Benoît,
les sculpteurs ou les peintres placent à ses côtés
un corbeau. Cet oiseau était devenu familier
au saint patriarche, quand il habitait le désert
de Sublac, et chaque jour il descendait des
arbres de la forêt pour recevoir sa nourriture.

Un jour, un méchant homme du voisinage
de Sublac, nommé Florent, avait envoyé à
Benoît, un pain en signe de communion.
L'homme de Dieu ayant miraculeusement découvert que ce pain empoisonné lui était
envoyé par une noire trahison, le jeta au
corbeau en lui disant : *Prends ce pain et porte-le*
où personne ne le puisse trouver. L'oiseau obéit,
le porta à trois lieues de là, et revint chercher
sa nourriture accoutumée.

(Note 13.)

Translation du corps de saint Benoît
du Mont-Cassin à Fleury.

Aigulphe, moine de Fleury, obéissant aux
ordres de son abbé, s'en était allé avec

4

plusieurs religieux, au Mont-Cassin, pour enlever le corps de saint Benoît. Sur le chemin, il fit la rencontre d'une réunion d'hommes pieux et zélés qui venaient du Mans, précisément pour enlever, eux aussi, le corps de sainte Scholastique, du Mont-Cassin. Conduits au même lieu par des motifs semblables, ils se réunirent en une seule compagnie jusqu'à Rome. Aigulphe crut devoir prendre le devant, laissant les Manceaux satisfaire leur dévotion et leur curiosité dans la ville sainte. Arrivé au Mont-Cassin, un bon vieillard lui indiqua, sous les ruines du monastère, la crypte où reposaient le corps de saint Benoît et celui de sainte Scholastique ; il y descend, s'empare du précieux trésor. Bientôt les habitants du Mans viennent le rejoindre, et le supplient de leur accorder les reliques de sainte Scholastique. Aigulphe s'excuse sur l'impossibilité où il est de distinguer les ossements confondus dans un même reliquaire, et il leur promet de se rendre à leur désir quand ils seraient arrivés ensemble à Fleury. Le saint abbé Mommole était là pour trancher toute difficulté.

Poursuivi par une troupe de Lombards que

les religieux du Mont-Cassin avaient lancé sur ses traces, Aigulphe fut miraculeusement dirigé dans sa route, parvint aux frontières de France, et arriva enfin vers les ides de juillet de l'an 660 au terme de son périlleux voyage.

Toutefois, il s'était arrêté à Bonnée, à une lieue de Fleury, et avait fait porter au monastère la bonne nouvelle de son heureux retour. De Bonnée, où plusieurs malades avaient été guéris par l'attouchement des saintes reliques, Aigulphe s'avança jusqu'au hameau de Villeneuve. Ce fut dans cet endroit que Mommole, à la tête de ses religieux, vint prendre le précieux trésor. Alors les Manceaux renouvelèrent leurs instantes prières, et Mommole consentit à leur accorder le corps de sainte Scholastique. Mais comment reconnaître les ossements? On dépose les plus grands dans un reliquaire, les plus petits dans un autre, puis après de longues et ferventes prières, on place les châsses sur deux petits enfants morts, un jeune garçon et une jeune fille. Le jeune garçon ressuscite à l'attouchement de la châsse qui renfermait les plus grands ossements, et la jeune fille à l'at-

touchement de la seconde châsse. Ces prodiges confirmèrent les religieux dans le
jugement qu'ils avaient porté sur les saintes
reliques, et les deux compagnies se séparèrent
en chantant des hymnes et des psaumes, avec
l'accent de la joie la plus vive.

Cette histoire de la translation des reliques
de saint Benoît est rapportée de la même
manière par tous les historiens du monastère
de Fleury, et particulièrement par Aimon,
saint Abbon et saint Odon. Paul Diacre, moine
du Mont-Cassin qui vivait au VIIe siècle, con-
vient parfaitement du fait de la translation du
corps de saint Benoît à Fleury.

La Saussaie, dans ses *Annales de l'église
d'Orléans* traite au long cette question.
D'ailleurs, tout doute sur ce fait a cessé dans
ces derniers temps.

(NOTE 14.)

Sainte Scholastique.

Sainte Scholastique, sœur de saint Benoît,
a été l'objet d'une dévotion toute particulière
dans tous les siècles, à l'abbaye. Aujourd'hui

encore son culte est en honneur dans la paroisse de Saint-Benoît.

Comme son bienheureux frère, sainte Scholastique quitta le monde dès son enfance pour se consacrer à Dieu.

Lorsque saint Benoît eût construit le monastère du Mont-Cassin, sainte Scholastique fit élever celui de Plombariola, au pied de la montagne, afin de recevoir plus facilement les conseils de cet homme de Dieu.

Chaque année la pieuse et fervente religieuse montait au monastère pour visiter le saint patriarche, et s'entretenir avec lui.

Un jour que selon son habitude Scholastique s'était rendue au Mont-Cassin, Benoît vint la trouver avec quelques-uns de ses frères. La journée s'écoula en religieux entretiens. Quand le soir fut venu, ils prirent un peu de nourriture. *Mon frère,* dit alors la sainte fille qui pressentait que cette visite devait être la dernière, *mon frère, ne vous retirez point, et toute cette nuit nous parlerons encore du bonheur dont on jouit au ciel. — Je ne puis, ma sœur, ainsi passer la nuit hors du monastère.*

A ce moment l'air était pur, l'horizon sans nuages.

La pieuse vierge incline son front assombri par une douce tristesse, elle joint ses mains et prie. Aussitôt l'éclair brille, la foudre gronde et la pluie tombe par torrent. *Dieu vous pardonne, qu'avez-vous fait, ma sœur? — Mon frère, je vous ai supplié et vous m'avez rebutée, j'ai prié le Seigneur et il m'a exaucé. Allez à présent si vous le pouvez, et retournez au monastère.* — Mais le saint ne put sortir de la maison, et leur céleste entretien se continua jusqu'au retour de l'aurore.

Trois jours après, Benoît priait dans sa cellule, et levant les yeux au ciel, il vit une blanche colombe s'envoler dans les airs. Scholastique ce jour-là même avait rendu son âme à Dieu

Saint Benoît fit déposer avec pompe le corps de sa sœur dans le tombeau où il désirait être déposé lui-même après sa mort, au Mont-Cassin.

Germigny-des-Prés.

Une notice sur les antiquités historiques et
archéologiques de Saint-Benoît, destinée surtout, comme celle-ci, aux visiteurs de cette
intéressante contrée, serait assurément in-
complète, si elle ne renfermait quelques détails
sur l'église d'un petit village situé à 4 kil.
de l'abbaye, au centre d'une vaste prairie
sillonnée par des ruisseaux, que sa position a
fait nommer Germigny-des-Prés.

Jusqu'au ix° siècle, Germigny ne fut qu'un
fief de l'abbaye de Fleury, sans importance et
sans gloire. A cette époque, Théodulphe, abbé

de Fleury et favori de Charlemagne, y fit construire, sur le plan de la fameuse basilique d'Aix-la-Chapelle, une petite église qu'il se plût à orner avec magnificence. Ce fut en 806 que Théodulphe consacra l'église de Germigny sous le vocable de saint Germain et de sainte Geneviève, date inscrite sur les tailloirs de deux chapiteaux auprès du sanctuaire. Un distique composé par le prélat consécrateur lui-même rappelle cette circonstance.

Hæc in honore Dei Theodulphus templa sacravi
Quæ dum quiquis ades, oro, memento mei.

  « C'est moi, Théodulphe, qui ai consacré ce temple à la gloire de Dieu.

  » Vous tous qui en franchissez le seuil, souvenez-vous de moi dans votre prière. »

Ces vers écrits en lettres d'argent s'offraient aux regards sur la façade de la tour aujourd'hui détruite.

La très-sainte Trinité est la fête principale de cette église, saint Baudèle, diacre et natif d'Orléans, en est le second patron.

Il ne reste plus des premières constructions de Théodulphe que le sanctuaire, ou plutôt l'abside formée par trois chapelles en four; le dôme qui s'élève sur le chœur actuel, devait s'élever autrefois au-dessus de l'autel, placé ainsi au centre et vis-à-vis les deux transepts arrondis qui s'étendent de chaque côté.

Le style de ces restes si remarquables encore de l'architecture du IXe siècle, est le roman.

Ce qui mérite surtout de fixer l'attention dans ce petit monument, c'est la mosaïque de la chapelle absidale ou sanctuaire. Malheureusement ce spécimen si rare de mosaïque au moyen âge a été profondément dégradé. Le sujet dessiné grossièrement, sans perspective ni proportion, est formé par des petits cubes de verre recouverts d'or et de couleurs variées ; c'est une arche d'alliance au-dessus de laquelle un chérubin déploie ses ailes. Cette mosaïque remplit la petite voûte en demi-dôme qui termine l'église. On retrouve encore quelques mots de l'inscription suivante ; un nombre considérable des petits cubes qui en formaient les lettres ont été détachés.

Oraculum sanctum et cherubim hic aspice spectans
Et testamenti en micat arca Dei.
Hæc cernens, precibus studens pulsare tonantem,
Theodulphum votis jungito quæso tuis.

« Considérez ici les splendeurs de l'arche
» du Testament au-dessus de laquelle Dieu ren-
» dait ses oracles saints au milieu des ché-
» rubins.

« Mais en voyant ces choses, et en faisant
» pénétrer l'accent de votre prière jusqu'au
» trône du Dieu terrible, mêlez le nom de
» *Théodulphe* à vos confiantes supplications. »

Théodulphe avait aussi fait construire à
Germigny un château près de l'église, les
ruines-mêmes en ont disparu. Plusieurs chartes
de Charles le Chauve sont datées du château
de Germigny.

En 844, il y eut un concile à Germigny
présidé par l'archevêque de Sens, mais les
actes n'en ont point été conservés.

L'église de Germigny a été classée en 1839
parmi les monuments historiques.

TABLE

SECONDE PARTIE.

Notions archéologiques.

Ville de Saint-Benoît.

Chroniques de la vie de saint Benoît.

ORLÉANS. — IMPRIMERIE ALPHONSE GATINEAU.

Album de la ville d'Orléans,

Collection de **soixante Vues** dessinées d'après nature et lithographiées à 2 teintes par *Arnout*, *Benoist*, *Chapuy*, *Chevalier*, *Deroy*, *Mansson*, *Muller*, *Pensée*, *Salmon* et *Vogel*, représentant : la Cathédrale, les vues d'Orléans depuis Jeanne d'Arc jusqu'à nos jours, les monuments civils et religieux, anciens et modernes, les maisons remarquables de *Jeanne d'Arc*, de *Diane de Poitiers*, d'*Agnès Sorel*, de *Ducerceau* et de l'époque de Louis XII et de la Renaissance. — 1 vol. in-folio, de 15 feuilles . . . . 12 fr.

Chaque feuille se vend séparément. . 1 fr. 25

Album des bords du Loiret,

Collection de **trente-deux Vues** dessinées d'après nature par *Pensée*, et lithographiées à 2 teintes par *Champin*, représentant : les châteaux, les maisons de campagne, les parcs et les jardins qui bordent cette charmante rivière, depuis sa source jusqu'à son confluent dans la Loire, avec un *Plan Général des Bords du Loiret*, comprenant la topographie du cours du Loiret, du bourg et de la commune d'Olivet, et les propriétés qui en dépendent. 1 volume in-folio . . 6 fr.

Chaque feuille se vend séparément. . 1 fr. 25

Album des bords de la Loire,

Collection de **cinquante Vues** dessinées d'après nature et lithographiées à 2 teintes par *Chapuy et Deroy père et fils*, représentant les principales villes des bords de la Loire, les églises, les monuments, et les maisons remarquables de Tours et ses environs, Saumur, Angers et Nantes; de Tours Amboise, Chenonceaux, Chaumont, Blois, Chambord, Ménars, Mer, Beaugency, Meung, Cléry, La Chapelle-Saint-Mesmin, Orléans, Sully, Gien, La Charité et Nevers. 1 vol. in-folio. . . .   12 fr.

Chaque feuille se vend séparément. .   1 fr. 25

Album de Bourges à Orléans,

Collection de **quarante-deux Vues** dessinées d'après nature et lithographiées à 2 teintes par *Chapuy* et *Deroy père et fils*, représentant les villes, les églises, les monuments, les maisons remarquables et les châteaux de Bourges, Beauvoir, Mehun-sur-Yèvre, Foëcy, Vierzon, La Motte-Beuvron, La Ferté-Saint-Aubin, la Source du Loiret, Orléans. 1 volume in-folio. . . . .   10 fr.

Chaque feuille se vend séparément. .   1 fr. 25

Album de Saint-Benoît-sur-Loire

Album historique et archéologique de l'église abbatiale de *Saint-Benoît-sur-Loire*, de l'église de *Germigny-des-Prés*, et des châteaux de *Sully* et de *Châteauneuf;* recueil de Vues et Plans lithographiés à deux teintes par DEROY, d'après les dessins et croquis de MM. DELTON, Ernest PILLON, l'abbé ROCHER et Ch. PENSÉE; avec un texte historique par Edouard FOURNIER d'Orléans. — 1 volume in-folio. . . . .   12 fr.

www.ingramcontent.com/pod-product-compliance
Lightning Source LLC
Chambersburg PA
CBHW071818090426
42737CB00012B/2134